汉语语法理论要略

——走进字形词语法

李临定 著

图书在版编目(CIP)数据

汉语语法理论要略:走进字形词语法/李临定著.—北京:商务印书馆,2013(2020.12重印)
ISBN 978-7-100-09508-2

Ⅰ.①汉… Ⅱ.①李… Ⅲ.①汉语—语法—研究 Ⅳ.①H14

中国版本图书馆 CIP 数据核字(2012)第 226686 号

权利保留,侵权必究。

汉语语法理论要略
—— 走进字形词语法

李临定 著

商 务 印 书 馆 出 版
(北京王府井大街36号 邮政编码100710)
商 务 印 书 馆 发 行
北京虎彩文化传播有限公司印刷
ISBN 978-7-100-09508-2

2013年4月第1版　　　　开本 850×1168 1/32
2020年12月北京第2次印刷　印张 9⅜

定价:58.00元

目　　录

序 / 1

第一章　总论 / 1

　　第一节　说字形词语法分析 / 1

　　第二节　"三分"观察——分类的基本观点 / 18

　　第三节　意义和形式结合——结构分析的基本观点 / 32

　　第四节　功能剥离——避免陷入分析误区的观点 / 57

第二章　词类 / 68

　　第一节　说词类 / 68

　　第二节　词类和句法 / 83

第三章　动词及连带成分 / 91

　　第一节　说动词 / 91

　　第二节　说动宾 / 117

　　第三节　说动补 / 135

第四章　句 / 162

　　第一节　说句 / 162

　　第二节　说句类 / 181

　　第三节　句式变换 / 195

　　第四节　选择搭配——句结构基础态势 / 220

第五节　自由和限制——分析句成分规则的方法 / 225

    第六节　影响句的两种要素 / 242

第五章　专题研究 / 255

    第一节　语法修辞 / 255

    第二节　语法特别组合——再议一般和特别 / 263

    第三节　语法统计——细观选择搭配规则 / 273

参考文献 / 281

附录 / 283

    一、术语、用语表 / 283

    二、句型游戏 / 287

    三、成句歌 / 289

后记 / 291

序

1956年，初来语言所，受到吕叔湘先生的接待。先生身着当时流行的浅灰色粗布制服，整齐、利落，明亮的目光，学者的风度，让晚辈起敬。

先生简单询问了几句，便确定了我的"大事"，留下来做语法工作。"光阴荏苒，日月如梭"（小学作文常抄引），这不，已过去了半个多世纪，学术上一直未离开这一行。虽也幸运，但也有点可叹。

多年来，一直很想做些语法理论工作，但是习惯作用很厉害，它使我难以脱离基础性的实际研究工作，你看，前几年还出版了两本语法词典(《现代汉语疑难词词典》、《现代汉语短语解析词典》)。

感谢中国社会科学院管理老同志的部门，他们甚"多情"，方方面面关怀，并激励、资助老同志做研究、写书。于是，完成了这一课题。

本书看点引导：

提出一套针对字形词语法的另类分析方向；

语法体系建立的思路；

关于规律具体化的理论、观点、方法；

关于灵活分析的理论、观点、方法；

揭示语法特征的理论、观点、方法（语法规律应该是：看得见，"摸"得着，用得上）；

关于语法特别形式分析的理论、观点、方法；

语法分类操作的重要地位；

左右句结构的因素；

意义和形式结合。

书后"附录"中的"句型游戏"和"成句歌"，对本书内容做出了概括性的描写。

本书未和国外语言学理论挂钩，显得"土"。它是从汉语土壤中挖掘而得，研究汉语事实，概括规律。欣赏完"帕瓦罗蒂"，又去观看原生态演出，或许也会有意思。

人所共知的，本书不谈或少谈。

书里讨论中举了不少事实、例证，这主要是为了具体论证相关的理论、观点、方法。

本书所谈是笔者研究汉语语法的体验，欢迎讨论、指正。

我的"处女书"是在商务出版的，过去了近三十年，这本"闭门之作"也在商务出版，很难得。感谢商务印书馆为出书尽心尽力的朋友们。

当初我的妻范方莲和我合作写文章，这本书她虽未参加，但是白发毕竟来自黑发。幼子建斌帮助做了一些事情，颇欣慰。

李临定

2012年6月1日

第一章 总论

第一节 说字形词语法分析

1. 引子

汉语的句（句子）：

(1) 老吾老以及人之老，幼吾幼以及人之幼

(2) 货卖堆山

(3) 靠山吃山，靠水吃水

(4) 大家热烈欢迎代表团

　　代表团受到了热烈的欢迎

(5) 他个子高

　　慢慢地高起来

　　他高了我一个头

(6) 隔壁店里走了一帮客人

(7) 老头儿晒太阳

　　太阳晒老头儿

(8) 他太美了，美得要飞起来了

(9) 我今天钓的鱼比我昨天钓的鱼新鲜

　　今天钓的鱼　比　昨天钓的鱼新鲜

　　今天钓的　　比　昨天　　　新鲜

今天　　　比　昨天　　　新鲜
今天 [的] [比　昨天]　新鲜

它，很富于表现力，巧妙，简练，灵活，幽默。这，当然和具有特色的语法结构状况密切相关。对此，本书试做讨论。

曾有人怀疑汉语语法无词类、无词、无复句等。实际上，应该有的汉语语法都有，不过，要从汉语的特点情况来认识，来理解。让我们一步步走进字形词语法。下边将从逻辑、规律、语法分类、语法列举等方面进行讨论。

2. 语言·智慧·逻辑·语法

语言是人掌握的。语言实现人和人之间的沟通。说话人说出话来，听话人便能听到话；说话人不说了，也就没有话（语言）了。语言是和人"粘"在一起的，理解语法，要注意人的因素。

智慧创造了语言，发展了语言。在语法结构中蕴涵着智慧。于是，我们也应该用智慧来理解语法。有时我们觉得汉语语法有点"乱"，有点"不合道理"。用智慧来理解，就会发现它正常而高明。我们说话应该是符合逻辑的。那么，我们用逻辑的思维方式来理解语法，是应该的，也是必要的，因为语法中存在着逻辑，而且语法结构的形成和发展，往往是凭借着逻辑思维方式来引导的。比如一般句式的排列顺序是：

施事主语-动词-受事宾语

为什么不是：

受事宾语-动词-施事主语

因为上边的符合逻辑思维方式，下边的不符合。

纵观动词句的构造情况，中心语动词的前边有两个部分：主语（动作发出者）、状语（从各方面说明动作行为情况）；后边也有两个部分：补语、宾语，前者说明结果（推倒了）、方向（飞往上海）等，后者表示动作延及的承受者。

总体看，这也是符合逻辑思维方式的。

但是，语言是丰富多彩的，它又会出现"反逻辑"的现象。试看下边两组例句：

甲组：

(10) 出版社催作者

(11) 我喜欢这里

(12) 他们已到上海

乙组：

(13) 出版社（向作者）催稿子

(14) 裁缝裁了条裙子（比较：裁布）

(15) 往门上顶根杠子（比较：顶门）

比较会发现，甲组的动词和宾语的搭配是符合逻辑关系的，宾语都是动词的符合逻辑的延伸部分。乙组则不同，动词和宾语的搭配是不符合逻辑关系的，因为宾语"稿子"等都不是动词"催"等的符合逻辑的直接延伸部分。

"反逻辑"，做深入分析，它又可能是符合一定的逻辑关系的。这说明"反逻辑"并不是随意的，而是有一定的依据的（见第四章第一节8.2.2）。

语法，是语言的"法"。言谈中，这样的选择搭配是合理的，那样的选择搭配是不合理的；这样的顺序排列、变化是合理的，那样的顺序排列、变化是不合理的，这都由"法"来制约。"法"在语言的发展中形成，主要由内在的本质要素起作用，有时也形成于约定俗成。"法"主要显示为法则、规律、体系，也显示在分类关系、选择搭配关系中，这又受着意义和形式相结合的制约。

语法主要是研究结构组织的关系。

研究者研究的对象资料，不应该完全来自自然的口语。因为口语常有点乱，有过多的省略，有不必要的哼哼啊啊，也难免会有一些不规范的。所以应该对其做一些客观地适当地加工整理。

3. 体系·规律·特征

体系是语言结构规律的总概括，显示语法系统的总面貌。它是研究规律而形成的，又显示出规律。语法组织是有聚合性的，形成类单位，而系统为体系。体系中的各单位互相联系着，制约着，影响着，发生着各种关系，具有科学的条理性。

规律显示事物内在的本质联系，语法规律显示结构关系形成的内在必然联系的状况。比如叙述句中由动词为谓语中心，它前边一般要有施事主语，后边要有受事宾语。

结构（语法）特征是单位、成分、语词在组合搭配中所显示出来的有区别作用的具体的条条框框，它是一种手段。比如可以加"了、着、过"，这便是一种特征，它有区别动词类别的作用。

特征是具体的，"看"得见，"摸"得着。语法中一切类别的成立都要以特征为基础，为佐证。体系、规律的成立也应该是这样。特征有系列性、零散性、主导性。

系列性。特征要发挥有效的功能作用,就应该是系列性的。单个特征往往说明不了什么。语法中的各种类别应该都具有显示它的系列(区别)特征。也可以说,正是有了系列特征,才形成一个个语法类别。

零散性、多分布性。有的特征可以进入不同的类别特征系列,比如"×不×?"提问特征形式,既可以进入动词类特征系列,也可以进入形容词类特征系列。

主导性。在不同的特征系列中,常常可能有若干个主导性特征。主导性特征起着语法类区别的关键性作用。

4. 理解三要素(语法、语境、智慧)

我们理解问题需要有全面、系连的观点。理解语法问题也应该是这样。首先应该有理解的对象——语法组合、语法结构,另外得加上语境和智慧。试观察下边的例句:

(16)我追鞋去了

首先,它是一个句子,有主语,有谓语,有宾语。

其次,"追鞋"这是不合常理的,不符合逻辑的(和"追老王"相比)。要理解,这就需要提供必需的语境:要上公共汽车,人没能上去,而鞋却让汽车门夹走了。这样便会清楚一些。

要进一步理解,这就得凭借思维智慧:鞋让汽车夹走了,说话人去追汽车,为了要回鞋。

这样分析是语法分析的内容吗?不全是,但并不是没有道理。要强调的是:语法分析的对象当然应该是语法结构,对例(16)我们只需要指出:"追鞋"是特别的动词带宾语结构,"鞋"属于特别的目的宾语类，它可以加上介词"为"前移：[→为了（讨回）鞋而追（汽车）]。就语法分析来说，如此也就可以了。

但要深层次理解语法结构的来龙去脉，则要引进语境、智慧因素来分析。

5. 汉语语法观察引导

和西方具有系统形态变化的语言的语法相比较，汉语语法是有很大不同的。汉语语法的主要特点是：

一、字形词语法。书写出来是连续排列的一个个形态各异的汉字，它们或单个成词，或相组合成词，不能传递出较系统的语法信息。

二、句语法。句法是语法的重心，语法内容基本上集中在句中，划分词类主要也得依赖于句法。

三、语义范畴在语法中有重要的位置与作用。

四、自由灵活。结构选择搭配比较灵活，复杂多样。句式多变化。

五、模糊性。类与类常界限不清，互相"渗透"。

六、凝集性。单句形式表示复句内容。

6. 语法分类

6.1 做语法分类，这在汉语语法分析中占有重要位置。

分类，是认识事物的一种重要手段。比如对植物、动物的分类等，都是为了更好地认识它们。分类，可以显示出事物的特征、规律。初始观察，会发现不同的特征线索，会发现某些共同的特征，于是便有可能聚合为一个类，再做进一步观察比较，分类，再分类。

可见，分类是以特征为依据，分类又可以进一步发现特征。特征是规律的基础，一组特征有可能显示出一种类，从而显示出一种类的规律，这正是我们语法研究所追求的。

形态词语法（西方语言语法），词有词的变化区别特征，句成分有句成分的变化区别特征。这是它们的重要分析"抓手"，抓住它，问题便好解决。

汉语是字形词语法，情况完全不一样。我们得另找"出路"，探寻适合我们的分析途径及能够抓住的"抓手"。

汉语语法中的"分类"（区分研究对象的类别），应该是一个具体而有效的分析方法，是汉语语法中的重要分析"抓手"。我们分析语法时，首先需要确定语法单位，这主要是词和句。下一步我们应该通过不同层面的分类操作，来揭示其特征、规律，以及内部的联系。

分类，它会引导我们进入语法的奇妙天地。比如词类，其重点在为实词分次类，重点中的重点，又在为动词分次类，在第三章第一节我们为动词分出主级类别共15类，其他有关章节还讨论了动词的其他非主级类别的类。由此，我们便可以进一步认识动词类。在第三章第二节我们讨论了宾语的次类，包括语义方面的、结构方面的。在第四章第二节我们讨论了句的各次类别以及相关问题。

6.2 语法分类的依据是，意义和形式相结合的原则、系列性区别特征的原则。分类是层级性的、多侧面的。可有如下几种：

6.2.1 横向分类和纵向分类

横向分类可以分出大类，如词类的名词、动词、形容词等，如句成分的主语、宾语、谓语等。

纵向分类可以分出次类，如动词的次类、宾语的次类（受事宾语、对象宾语、目的宾语、工具宾语等）。它具有层级性，更能显示出结构的特征和规则。

6.2.2 标杆类和特别类

标杆类，是分类系统中被确定的标准类、典型类，它是一般（普通）的，也是较常见的，数量上也比较多。比如动词类别系列有其"标杆类"，它具有以下特征系列：

a. 可以带"了""着""过"；

b. 可以有"×不×?"提问方式；

c. 可以单独回答；

d. 可以有否定形式；

e. 可以有重叠形式；

f. 可以带动量补语或时量补语；

g. 可以加状语；

h. 可以有宾语；

i. 可以有施事主语（单数或复数）；

j. 同类动词可以自由替换。

动词类的标杆类具有从 a 到 j 的系列性特征，具有这些特征的动词便应归属于动词标杆类。

标杆类是普通类。标杆类以外的分类，便是特别类。标杆类是尺度，以它来衡量，凡不符合它的特征系列的，便归属特别类。特别类一般是缺失标杆类系列特征中的某几项特征（但也有特别类具有某些特征而标杆类却没有）。

7. 语法列举

语法列举是指，把类别中的成员一个个地列举出来。

上文讨论了在语法分析中分类操作的重要性。这里要指出，"列举"是分类分析中的一个更加具体的操作方法（"抓手"）。

我们在研究语法分类时，会说明分类的标准及类别特征，同时再把它包含的成员，可能列举的一个个地列举出来，这对理解和掌握都会有大的帮助。

确定标准，描写特征，列举，做到这三个方面，分类工作便会显得完整。

7.1 可列举类和不可列举类

可列举类是指，该类的数量范围是可以确定出"边界"的，所包括的类成员是有可能一个个列举出来的。

不可列举类是指，该类的范围难以确定出"边界"，所包括的类成员是"无限"的，不大可能一个个地都列举出来。

7.2 宽列举类和窄列举类

在可列举类里，有的类成员的数量比较多，可看作是宽列举类，有的类成员的数量则比较少，可以看作是窄列举类。

比如可以带主谓宾语动词的类成员数量就比较多，我们收集到的有300多个，应属于宽列举类。而可以位于主语前边的副词的类成员就比较少，属于窄列举类。位于主语前边的副词类成员如下：

早早儿	早早儿地他就到了（他早早儿地就到了）	
随后	你先去，随后我就到（我随后就到）	
毕竟	毕竟他还是来了，比那些不来的强（他毕竟还是来了）	
居然	居然他也流眼泪了（他居然也流眼泪了）	
当场	一看事情没有希望，当场她就哭了（她当场就哭了）	
到底	到底你去了没有？（你到底去了没有？）	
渐渐	渐渐地，太阳升起来了（太阳渐渐地升起来了）	
恰巧	今天少了他不成，恰巧他没有来（他恰巧没有来）	
通常	通常我们不互相串门（我们通常不互相串门）	
然后	他先上，然后你上（他先上，你然后上）	
正巧	上午十点，正巧我在办公室（我正巧在办公室）	
立时	他的话音刚落，立时大家都鼓起掌来（大家立时都鼓起掌来）	
偏巧	我正发愁下雨回不了家呢，偏巧他送来了雨伞（他偏巧送来了雨伞）	
偏偏	我们都学会唱这支歌了，偏偏你学不会（你偏偏学不会）	
大概	大概他有三十出头了（他大概有三十出头了）	
本来	本来他姓张，后来随母亲姓李了（他本来姓张）	
明明	明明你说过这话，为什么不承认呢（你明明说过这话）	
反正	他爱说什么说什么，反正我不在乎（我反正不在乎）	
横竖	横竖他要走的，拦也拦不住（他横竖要走的）	
姑且	这笔钱，姑且你先用着（你姑且先用着）	

马上	马上他就到（他马上就到）
忽然	忽然门开了（门忽然开了）
果然	果然这种药效果不错（这种药果然效果不错）
忽地	忽地他站了起来（他忽地站了起来）
几乎	几乎全班同学都同意他当班长（全班同学几乎都同意他当班长）
多半	别等了，多半他不会来了（他多半不会来了）

再比如，可以直接和数词组合的名词（中间可以不加量词），数量就更少了，如下：

星期	我在那住了三星期（三个星期）
晚上	这本书我看了两晚上（两个晚上）
下午	他躺了一下午（一个下午）
小时	她在那儿坐了一小时（一个小时）
年	我在上海住了八年
天	已经过去了五天
市、省	四省一市遭受了洪灾（四个省一个市）
点	繁体"魚"字下边是四点（四个点）
撇	"季"字上边是一撇（一个撇）
人	中头奖三人，二等奖五人（三个人、五个人）

可列举类常属于比较特别的类（和一般的相比较）。不可列举类一般是普通类，特点比较明显，容易理解和掌握。这样，把可列举类（常是特别而不好理解掌握的）的成员分类列举出来，可以使我们的研究成果具体而实用。

7.3 开放类和封闭类

开放类是指，该类是相对"无限"地容纳进入的成员。封闭类是指，该类容纳的成员是有限的，进入的条件要严。当然封闭有程度上的不同，有的"紧"些，有的"松"些。

8. 变化

变化，是句存在的一种形式（见第四章第三节）。

变化（变换）也显示为句结构类别的一种区别性特征。不同的句结构类别可能会有不同的变化（变换）形式，从而得到不同的验证。特别是对分析汉语字形词语法（不具有系统的形态变化），这很重要。本书在多个章节，都对变化（变换）方法有所运用、讨论。

9. 一般和特别

"一般"是指，普通的、常见的、比较容易理解的语法现象；"特别"是指，和一般（普通）相对应的、具有某种特别特征的语法现象。如上文分析的"动词标杆类"，应该是归属于一般（普通）的动词的类。本书第四章第二节所分析的"标杆句类"，应该是归属于一般（普通）的句的类。

对研究者来说，应该更重视特别的语法现象，因为它特别，不同于一般，较难于发现，也较难于理解和掌握，相互之间，也各具特点，各不相同。须把这些特别的语法现象挖掘出来，加以分类、分析解释清楚。这对概括语法系统，不仅是必要的，也是重要的。

我们在做研究的过程中常常会发现一些"例外"，会发现和预设的想法不相符合的例证现象，这时我们不要轻率地把它们抛在一旁，不加处理。因为它们很可能是值得注意的特别现象，可能会引导我们更深入地思考问题，也可能会对我们原来的思路做某种矫正。

一般（普通）的和特别的结合起来，才是全面的。

10. 亲近语义

常说语法是一个结构系统、形式系统。但是"结构""形式"绝对不是孤立的，它必然有它的"内容"方面，以及影响它及其密切相关的方面。如果不把"结构""形式"和它的"内容"以及影响它的其他方面结合起来理解，恐怕要真正理解"结构""形式"会是困难的。

万物都有它的"形式"方面和"内容"方面，比如"山""树"，都有看得见摸得着的形式方面。但是如果不和它们的内部要素、机制结合起来，就不可能理解"山"的形式为什么是这样的，"树"的形式为什么又是那样的。

语法的结构、形式，是有内容的，即语义范畴、语义范畴关系，前者和后者要同时理解，才能都理解，否则将都不能深入理解。

亲近语义，它"不可怕"，而可爱。

11. 三类语法（理论语法、基础语法、实用语法）

纵观研究现状，语法主要有三类：理论语法、基础语法、实用语法。

11.1 理论语法。重在高层面的概括、抽象的研究，追求高理论化，以此从总的方面来说明语法或语法体系，兴趣不在具体特征描写方面。比如转换生成语法、词组语法（短语语法）属于这一类。当然它也可以是就某一个问题做高层面的理论探讨。

11.2 基础语法。强调对语法资料的广泛收集和考察，在此基础上全面揭示某一种母语语法的各种基础规律、规则、特征，从而概括出一套相适应的语法体系，并建立起相应的语法理论、观点和分析方法。它是大型的。

本书所研究的主要目标之一就是建立汉语的基础语法，所讨论的理论、观点、方法，主要也是为建立基础语法服务的，比较实在，不是那么抽象。本书讨论中所涉及的一些比较具体的分析描写，主要是为了证明所讨论的理论观点，同时也都是基础语法的基本内容。

11.3 实用语法。强调实用，主要是为了适应不同的学习群体而写的教学语法。

基础语法是一种语言的总语法。实用语法可以从基础语法中找到它所需要的内容，理论语法也可以从基础语法中获取启迪及"营养"。

从以上的语法分类可见，它们的研究是有不同的追求目标的，似乎不必说"你比较空洞""你比较烦琐"。只要是认真的，都各有长处。

12. 分析方法的相对性

事物是复杂的。分析问题时往往不能采取绝对的态度。不能说这样的分析就是绝对地对，那样的分析就是绝对地不对，很可能是都有合理的方面，也都有不足的方面。但也不能是半斤八两，都一个样。有的会更合理，会更趋近于对事物本质的认识。

事物又是深厚的，不能说我已经达到完全的认识了。"完全"是没有的，只能说研究是在逐步深入，得到了对事物的某种相对的认识。

比如本书讨论了句法中的变化，及其中的省略问题。那么，能把语法的"省略"问题谈完全吗？当然不能。我们只是希望能把省略问题谈清楚些。它毕竟是语法结构中的较为常见的一种现象。试看下边的"是"字句：

（17）一份客饭是一元二角

（18）敌人是飞机加大炮，我们是小米加步枪

（19）店里顾客多是长袍大衫

（20）人家是丰年，我们是歉年

分析这些句子时，往往只是笼统地说，它们分别表示价钱、装备、衣着、年景，等等。这会使人觉得，好像"是"可以有多种词义。如果我们从省略中心语这条线索来理解，例（17）至（20）似乎也可以分析为是以下句子省去中心语的简略形式：

一份客饭的价钱是一元二角

敌人的装备是飞机加大炮，我们的装备是小米加步枪

店里顾客的衣着多是长袍大衫

人家的年景是丰年，我们的年景是歉年

这样来分析，符合汉语中心语可以省略的原则，也是一种提供系统性理解的分析。也许会有人觉得这样的分析还可以理解，但是也会有人觉得不太好接受。再看下边的例子和分析：

(21) 他没扣衣服就跑出去了（比较：他没扣衣服扣子就跑出去了）

(22) 他在那儿膏车呢（比较：他在那儿膏车轴呢）

这样的句子一般是不会想到有省略的。但是我们仔细观察一下便会想到："扣"的只能是"扣子"，"膏"的只能是"轴"，因而例（21）（22）也可以理解为是省去了中心语。因为人们多说简略形式，而少说完整形式（并不是不能说），便习以为常，如果说出完整的形式反而觉得用词累赘。

把例（21）（22）分析为省略，恐怕有更多的人不会接受它。有时用"隐含"来说明，也许会好一些。

总之，在分析某种语言事实时，在方法上会出现某种灵活性、相对性，或做这样分析，或不做这样分析，有时可以做出不同的选择。但是，我们的方向是：对事实做出规律性的分析，能够让人认识和理解。

上文强调了语法分类的重要性。但是，分类是方方面面的，而且往往是有层级性的。那么，哪里是分类的"头"（终结点）呢？本书中也做了不少语法分类，这样的分类完全吗？回答是，事物的分类没有"头"，本书里描写的分类是不"完全"的。不可能得到绝对的"完全"，我们只需要把基本的、主要的、重要的、独特的分类写清楚就可以了。分类具有灵活开放性，只有这样，才能满足无所不包的表达需求，并做到深刻、细致。

希望得到"完全"而又得不到"完全"，这才是分析问题有"嚼头"之所在。

人们具有推导能力。当认识了、掌握了这些基本的、主要的、独特的分类及其操作方法后,当需要时便会据此来推导出自己所需要的类来(这种推导可能是自觉的也可能是不自觉的)。

13. 语法十问

汉语是字形词语法,不同于西方的形态词语法。摆脱后者的负面影响,去探寻另样的针对性强的分析观点、方法,如何?

汉语语法除了确定好词的类别,确定好若干句成分,还有没有其他应注意的内容重点?如果有,是哪些?

汉语语法结构是较为灵活的呢?还是较为机械的呢?也就是,是应该以比较灵活的眼光来看待,还是应该以较为机械的眼光来看待?

语法结构为什么会变化,要变化?避开它,是否会把简单问题复杂化?把分析呆板化?

离开语义范畴、语义关系范畴(明里和暗里都离开)做基础,还能有语法(人读的语法)吗?

在汉语语法研究中应该侧重观察系统化的较为特别的语法现象。这有没有道理?为什么?

语法规则如何具体化,具体化中系统化,如何才能看得见,摸得着?

为什么汉语的语法观点容易出现大的震荡摇摆,甚至截然对立相反?而又似乎都可以说出些道理?

有人说,汉语结构乱,难以理出规律,难以区分类别。对此如何做出有力的能说服人的争辩?

我们常常以研究西方语言的结果状况来观察汉语语法，并指指点点，能否以研究汉语语法的结果状况也来观察西方语言语法，也指指点点，这样可以做到全面思考。这，有合理性吗？

第二节 "三分"观察
——分类的基本观点

1. 第一节中，我们讨论了汉语语法中分类分析的重要性。对汉语来说，这尤为突出，因为它是认识汉语结构的一条重要途径。现在来讨论语法分类的一条基本观点和方法。这就是三分观察。

顾名思义，所谓"三分观察"是我们在做分类研究时，要考虑到分类对象很可能要"三分"，而不是我们习惯的"二分"。也就是说，客观对象很可能是处在"三分"类的状态，因而我们应采取有针对性的操作程序来进行。

我们设想的是：面对的分类对象可能存在一个"两头类"：甲类和乙类，而在它们之间存在一个游移（过渡、模糊）的中间态形式，它有时像是靠近甲类，有时又像是靠近乙类。分析时，先确定两头类及其特征，然后再分析游移的中间态形式，它们在两头类之间是如何游移的，特征又如何。

客观万物发展的基本道理有时是有共同性的，可以相互比较，从中得到启迪。观察客观事物的分类，它常常并不是截然"二分"的，比如，在海洋生物和陆地生物之间有一个"两栖生物"（介于海洋生物和陆地生物之间），在黑夜和白天之间有一个"黄昏"时间（介于黑夜和白天之间）。我们说"从一种形态的社会过渡到另一种形态的社会"，这里指出了"过渡"。因为自然界和社会界在发展中本来都是浑然一体的，你中有我，我中有你，互相之间是藕断丝连的，只是我们为了认识它们，把它们分成各种的类（当然客观上也是可能分类的），来做比较分析。

语言是一种社会现象。特别是汉语，它是一种非形态语言，不像有系统形态的语言那样，受着系统的形态变化的"管束"，而是处在比较自由的"自然状态"。它的类的状态应该和客观事物类的状态相仿佛，经常呈现为一种"三分"状态。这应该是正常的、合理的。如下图：

这显示出某甲类与某乙类之间往往存在着一个不大不小的"中间"过渡态，这个"中间"过渡态对汉语语法分类来说，有举足轻重的重要性，应该重视对它的分析和处理。严格的"二分"原则恰恰是忽略了（或回避了）这重要的"中间"过渡态。当然，"三分观察"分析方法也是以"二分"法为基础形成的，并不排斥"二分"法。只是希望让分类的原则方法更加完善，更加贴近于语言事实。

从某种意义上说，类的"中间"过渡态分析起来可能要更加困难些，因为它们处于不稳定的状态。但是只有重视对它们的分析，才能更好地进行"两头"类的分析，比较完善地界定它们的范围及类别特征。

上文已指出，汉语语法十分缺乏像形态语言的那种外部形态标志系统，所以"三分观察"的原则方法，对处理汉语语法的分类问题，尤为重要，采用这种原则方法，才得以显示出汉语语法分类上的多彩多姿的类别面貌。

分析中应该尊重以下两条原则：

a. 尊重事实。研究工作要以事实为重，这似乎不成什么问题。其实不然，问题经常解决不好，其根源往往就在于：是尊重客观语言事实，让事实"引"着我们走呢，还是相信我们的主观"框框"，让语言事实来迁就我们的"框框"呢？语法学是一百多年前从西方传入中国的，于是乎西方的语法框架便有可能先入为主地在人们的头脑里"扎了根"，我们有意无意地会以西方的语法"框框"为参考依据，来观察、分析汉语语法系统。

西方的研究成果是应该借鉴、参考的，但是更重要的是，我们要认真研究汉语事实，看看它的分类状况具有哪些特点，采取尊重事实的原则，从事实出发，一步一步做分析，终究是能把问题说清楚的。我们的研究不就是为了把问题说清楚吗？

b. 一贯性原则。要分类，当然要确立分类的原则、标准，比如，名词类的标准、动词类的标准等。当分类的原则、标准确立后在运用这些原则、标准时，要坚持一贯性，不能有时坚持，有时不坚持，或完全不坚持。因为只有这样，才能做到前后自圆其说。不过要坚持运用标准的一贯性并不那么容易。比如我们说，动词可以带"了"、带趋向动词，但是有些形容词也可以，如"红了起来"。又比如名词可以做宾语，可以带定语，但是有些动词也可以，如"受到了大家的欢迎"。于是，你这样处理，我那样处理，难于达成共识。有的则采取"回避"的办法，只举那些典型的、"听话"的做例子，"不听话"的则靠边站。

一贯性原则不仅要求对确立的原则、标准在分类分析中是始终如一的，而且要求对在一定范围内随机收集到的合理的例句数据，都能够做出归类处理。要达到这样的要求，我们需要确立新的分类思维，这就是"三分"的分类思维。采用"三分"的分类原则方法，如果运用得当，是可以达到一贯性的比较合理的分类目的的。

以下用语有助于我们的描写与理解：

a. 类特征：一个语法类别所具有的可以观察分析的特征。

b. 类的典型特征：一个语法类别所可能具有的全部语法特征（全部语法组合和变化系列），或称"类的全特征"。

c. 典型类：具有类的典型特征的类别，或称"全特征类""两头类"。

d. 类特征缺失：在一定条件下，某典型类失去了部分语法特征。

e. 类的游移域：某甲典型类，逐步失去该典型类的某些特征，而又逐步获得某乙典型类的某些特征，这种两类之间的丧失或获得类特征的变化区域，称为"游移域"，或称"过渡态域"。

f. 游移态特征：处于类的游移域状态的特征。它具有不稳定性，或称"过渡态特征"。

g. 游移态特征描写：对处于游移态的类特征做描写：是如何逐步丧失某甲典型类特征的，又是如何逐步获得某乙典型类特征的，类的意义变化情况如何，有无可能区分出游移态类别来。

2. "三分观察"类型分析

2.1 单句、复句游移型

两头类：单句、复句。

完全复句的典型特征是：

一、两个分句之间有停顿（书面用逗号）；

二、两个分句用连词（也包括关联副词）连接；

三、两个分句都有主语。

单句的典型特征是：

一、无停顿；

二、无连接复句那样的连词；

三、有一个句主语。

举例分析复句的游移形式：

a. 如果你想什么，你就说什么

b. 你想什么，你就说什么

c. 你想什么，就说什么

d. 你想什么就说什么

e. 你想什么说什么

f. 想什么说什么

观察可见，a 句具有复句的全部特征：有停顿，有连词"如果……就……"，前后句有主语"我"，所以它是完全复句（典型复句、全特征复句）。其后的例句则处于游移变化状态，逐次缺失某个成分：b 句缺失"如果"，c 句再缺失后边的主语"你"，d 句再缺失逗号，e 句再缺失"就"，f 句再缺失前边的主语"你"。

d 句一般列入紧缩句，e 句、f 句一般列入单句。

可见，典型的复句有两个连接成分，有两个主语，中间有一个标点符号，逐层递减、缺失，出现复句特征模糊，经紧缩句，而游移（过渡）到单句。

2.2　复合词扩展型

两头类：复合词、短语

复合词的典型特征是：复合词的两个词素结合紧密，不能扩展（中间不能加入其他成分）。如"理事、司仪"。

短语的典型特征是：短语（如：动宾短语）的两个部分结合松散，可以比较自由地扩展，如：

（1）挖坑→挖过坑｜挖完坑｜挖了半天坑｜挖了几回坑｜挖了不少坑

举例分析复合词扩展形式（可加入成分，向短语方向游移）：

（2）提醒→提个醒

（3）小声→小点儿声

例（2）至（3）可插入的成分极有限，限于一种成分。

（4）退休→退了休｜退不了休

例（4）可插入的成分也有限，限于两种成分。

（5）吃亏→吃过亏｜吃了不少亏｜吃过几次亏｜吃他们的亏

例（5）可插入的成分则比较多，有四五种。比较可见，例

（5）的扩展形式和例（1）（短语）的几乎差不多。因此，可以说，复合词有一个扩展游移域，有的可插入的成分少，有的可插入的成分多，有的靠近典型复合词，有的则靠近短语。

2.3　实词虚化型

两头类：实词、虚词

实词的典型特征是：具有实在的词汇意思，可以比较自由地充当句子成分。

虚词的典型特征是：词义比较虚，不能充当句子成分。

实词虚化是指：实词是起始类，虚词是终结类，由"实"向"虚"，逐渐变化，形成一个游移过渡过程。

举例分析实词虚化形式（以做补语的"上"为例）：

　　a. 他们跑上了三楼

　　b. 他们把队旗插上了顶峰

　　c. 他戴上了手套

　　d. 他关上了窗户

　　e. 她给衣服镶上了花边

　　f. 他已经买上了票了

　　g. 他们又唱上歌了

上边句子中的"上"都处于补语位置，如 a 句是做"跑"的补语，b 句是做"插"的补语等。但是，a 句到 g 句中"上"的情况是不同的，它们处在游移态中，即由"实"到"虚"的变化状态。

这种从"实"到"虚"的变化状态主要体现在两个方面：

A. 词义从"实"到"虚"的变化程度；

B. 对前边动词黏附性的变化程度，越"虚"，黏附性越强。

作为实词（动词）"上"的词义是：由低处到高处。a句里的"上"还是原本动词的实词义，没有变化，它只是在句中做补语，它也不具有黏附性，明显的证据是："上"前边的动词可以略去（他们上了三楼），略去后句子还站得住，意思也和原意相符。b句的"上"大体上也还是实词的原意，但是它前边的动词"插"不能像a句那样略去，这可以说它已具有了一点黏附性。c句"上"的意思是某物移到某物上的动作有结果。d句"上"的意思是某物合拢的动作有结果。e句"上"的意思是某物添加了某物有结果。可以看出，c、d、e三句里的"上"尽管或多或少还有"上"原实词义那么一点影子，但是已大大虚化，黏附性也已增强。因为离开前边的动词，它们的意思便显现不出来。f句的"上"表示达到某种目的，可以说已看不出原实词义的影子了，已向虚词虚化，但是它的黏附性还稍欠缺一点，它和动词之间还可以加上表示可能的"得/不"，如：恐怕买不上票了。g句的"上"表示开始并继续，它已经完全成为虚词，不仅词义完全虚化，而且黏附性也很强，它和动词之间不能插入表示可能的"得/不"。

可见，a句的"上"是实词（动词，在句中做补语），而g句的"上"则是虚词（和虚词"了、着、过"同类）。在它们之间有一个由实词向虚词变化的游移域。其中的b句"上"更接近于a句的，而f句的"上"则更接近于g句的。这种由实到虚的游移状况可用下图显示：

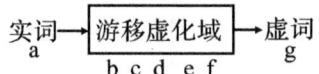

2.4 词类转化型

词类转化主要是指:一种实词类向另一种实词类转化游移。

2.4.1 动词名词化游移

两头类:动词、名词。

动词的典型特征是:可以带"了、着、过",可以带动量、时量补语,可以有状语,可以有重叠形式,及物动词可以带宾语。

名词的典型特征是:加定语。

动词名词化游移是指:动词形式上向名词类转化游移。(见第二章第一节)

2.4.2 形容词动态化游移

两头类:形容词、动词

形容词的典型特征是:静止地表示事物的性质或状态,可以加程度副词、"比"介词短语。

动词的典型特征如上所列。

形容词动态化是指:形容词类向动词类转化游移。(见第二章第一节)

2.4.3 介词、动词转化游移

两头类:介词、动词。

介词的句功能典型特征是:带上宾语在句中做状语,而不做谓语。

动词的句功能典型特征是:在句中做谓语中心语。

介词、动词转化游移是指：介词和动词之间的转化游移状态。如：

a. 我们对于这样处理有意见

a 句中的"对于这样处理"做状语，它不能做谓语。再如：

b. ——他从哪里去广州？
   ——他从上海。

b 句的答话中"从上海"后边却没有谓语，有点类似动词带宾语的特点。但是我们可以说这里是在答话中略去了动宾短语"去广州"，因为它可以很容易加上（他从上海去广州）。再看下边的例句：

c. 他们都往东跑去

d. 他们都往了东

c 句里的"往东"是介词短语做状语。那么，d 句该如何分析呢？这里的"往"后边加了时态助词"了"，"往了东"后边不能再加其他动词短语。因此，d 句里的"往"已很接近于动词。再比较下边的例句：

e. 王先生在黑板上写字

f. 王先生在屋子里躺着呢

e 句里的"在黑板上"是介词短语做状语，后边的动宾短语"写字"不能略去。f 句的"在屋子里"和 e 句相比照，似乎应该是介词短语做状语，但是，f 句却可以分别说成：

g. 王先生在屋子里呢

h. 王先生躺着呢

g 句、h 句都是完全可以独立的句子，它们都可以单独回答"王先生呢？"这样的问题。综合从 e 句到 h 句的情况来观察，g 句里的"在"应归属于双重类，可以称为"介动词"（既可以是介词，也可以是动词）。

2.5 宾语移位型

两头类：宾语、主语

宾语位置特征是：位于动词的后边，是动词涉及、影响的对象。

主语的位置特征是：位于句首，起话题作用。

宾语移位型是指：位于动词后边的宾语也常可以移位于句首，当它位于句首时，具有话题的性质（和主语的性质相当），但是它又没有完全失去宾语的作用，显示出了二重性。

试看下边的两个例句：

 a. 我认识老张

  →老张我认识

 b. 我已经买了你想要的那件衣服

  →你想要的那件衣服我已经买了

句中位于动词后边的"老张""你想要的那件衣服"是宾语，不会有什么疑问。那么，位于句首的"老张""你想要的那件衣服"（箭头所指的）是不是还是宾语呢？这有不同的看法。不少学者认为，它已经成为主语，而不再是宾语。这样的分析观点是值得商榷的。

任何事物都是有可能变化的，句法成分的位置也是有可能变化的。我们不能说，句法位置一变化，就一定完全变成了另一种成分，这里边也有个从量变到质变的问题。

有一位语法工作者曾经调查了一些不从事语法研究的人，问他们如 a 句、b 句里位于动词后边的"老张"和"你想要的那件衣服"跟位于句首的同样的词语，它们是否有密切关系，是否具有同一性，回答一般都是比较肯定的。可见，把位于动词后边和位于句首的"老张"等这样的成分截然分析为宾语和主语两种不同的成分，是违反人们的常识的。我们研究者还是应该认真考虑这一情况。

但是，位于句首的"老张"等和位于动词后边的，也并不是完全相同的。因为它位于句首，具有了话题的性质，而这又是主语所具有的性质。那么，该怎么办呢？我们觉得根据所体现出来的类的特征，它们应该说具有了"双重类"的性质，它既可以分析为宾语（和句中的谓语动词发生关系，是谓语动词涉及的对象，它也可以轻易地移位到谓语动词的后边），也可以分析为主语（位于句首，具有话题的性质，是全句谓语说明的对象）。我们可以把位于句首的"老张"等这样的句法成分，称为"宾主语"，具有游移性质。

3. "三分"状态在汉语语法分类中是普遍存在的，可以说是一种常态。再比如实词、虚词的区分问题，常把词类分为实词和虚词两大部分。

实词类的特征是：词义实，可以做句子成分。

虚词的特征是：词义虚，不能做句子成分。

典型的实词类是：名词、动词、形容词。

典型的虚词类是：助词，包括结构助词、语气助词、时态助词。

而其他词类则都不那么典型。比如副词类，词义虽"虚"，但是却可以做句子成分状语，常用而又"虚"的副词"很"还可以做补语（热得很），"极"也可以做补语（热极了）。

再比如句型类（句类）分析。从分析中会发现，不少句型会有交叉现象，你向我延伸，我向你延伸，你中有我，我中有你。比如动补格句（他吃胖了）和带"得"字的补语句（他吃得很胖），二者的区别主要是：后者的要加"得"（不说：他吃很胖）。当补语是单个动词或形容词时，采用动补格式，当补语是扩展的复杂形式时，则采用"得"字式。但是又有下边的情况：

（6）拿笔刷刷的一写，就得把老刘吓背过气去（老舍）

（7）说这么热闹，敢情是收破烂的！（侯宝林）

（8）我记不大清楚了，那次是怎么说的？（王少燕）

例（6）的"吓"后边的补语"背过气去"，例（7）"说"后边的补语"这么热闹"，例（8）"记"后边的补语"不大清楚"都是扩展的复杂形式，应该加"得"，但却都未加。

再如"双宾语句"和"兼语句"也有交叉现象。如：

（9）我喜欢他忠厚勤快

这是一种较常见的句式。它可以有下边两种提问形式：

a. 你为什么喜欢他？（问原因）——我喜欢他忠厚勤快

b. 你喜欢他什么？（问方面）——我喜欢他忠厚勤快

从 a 式提问看，是"兼语"句，从 b 句提问看，应看作是双宾语句。例（9）处于游移两可状态。

4. 前辈专家对待汉语语法分析，往往抱着较为灵活的观察态度。比如黎锦熙在《新著国语文法》一书中用"副夺主位""名词转化成了形容词""副词性宾语"等提法做说明。吕叔湘（1979）在分析主语时，提出了更加灵活的办法。指出："似乎不妨说，主语只是动词的几个宾语之中提出来放在主题位置上的一个。好比一个委员会里几个委员各有职务，开会的时候可以轮流当主席，不过当主席的次数有人多有人少，有人老轮不上罢了。可以说，凡是动词谓语句里的主语都有这样的二重性。"所谓"二重性"是指，一个成分可能有两种"身份"。

对前辈学者写的书，我们会觉得有点"老"，不大爱去注意。其实，由于他们很注意对汉语事实的考察，做学问严肃认真，得出的学术观点就可能会有长期效应。

对于"三分观察"的方法，我们可能会觉得不太习惯，觉得有点"别扭"。看看天上的"飞禽"，看看地上的"走兽"，然后再看看不会飞的"禽"——企鹅，看看却会飞的"兽"——蝙蝠，也会觉得挺有意思，有兴趣。

也许会提出这样的问题："三分观察"是一种不得已的无奈之举，面对分类的复杂情况，这只是在"和稀泥"。正如我们前边已指出的，"二分"法对形态丰富的语言来说可能很有用，因为有系统的形态变化帮忙，非此即彼，比较清楚。但是对非形态语言的汉语来说，却难以说清楚问题。"三分"观察是比较符合汉语实际的，也是有理可循的。

也许又会说，绕过"二分"，却来了个"三分"，多了"一分"，这不是更复杂了吗？好像是这样，其实并不是这样。正如前边讨论显示的，"三分"的"两头类"，显示的都是典型特征，是容易说清楚的，明明白白；而中间游移态形式，都和两头类的特征有关，也是能说清楚的，也会是明明白白的。清楚的东西，明白的东西，不仅不会觉得复杂，反而会觉得简单。

第三节 意义和形式结合
——结构分析的基本观点

在"意义"和"形式"两个方面，"意义"要复杂些，难理解些，所以我们先讨论"意义"（语义）问题，再讨论二者结合问题。

1. 语义范畴

1.1 语言的产生、发展，为了一个目的——人的交际与沟通。交际什么？沟通什么？当然是语义内容、情感内容。语言为了更好地服务这一目的而提高着，完善着。

可见，语言的语义内容方面，是很重要的，缺失了这一方面，语言也就不复存在。作为语言的一个重要部分的语法结构，当然也有它的内容、它的语义方面。想离开语义来认识语法结构，那会是比较"苦"的，就像捂着眼睛走路那样。

当然，我们所说的语法结构的语义，绝不是指"意思"，"意思"是单个的词、单个的句表示出来的，而结构语义则是由一个类、一个结构（都是由众多的单个个体聚合而成）体现出来的，它是抽象的、概括的，也是和一定的类形式或结构形式相结合、配合的（后者体现前者，证明前者）。

上文我们曾指出，研究语法（特别是汉语这样的语法），要用好"分类"这一杠杆。而分类的基础便是语义范畴，只有较为清楚地认识某一分类的结构语义内容，分类才能成功；否则，分类本身便可能存在问题，或者是不应该做这样的分类，或者是这样的分类不够周全。如果分出来的"类"都说不清楚它的语义内涵，说不清楚它的功能、作用，这当然会是有毛病的。

语言和思维有密切关系，语法、语义范畴常常以逻辑思维的方式为基础。语句都是一些组合体（由个体组合成组合，再由组合组合成更大的组合，等等），这些由成员到组合的组合过程往往会受到逻辑思维的方式影响、引导。所以说，句法、句型范畴"框架"是逻辑思维方式经过语言这种特殊形式的"加工"而在语句结构中的体现。

句法、句型范畴类别（语义范畴类别、关系范畴类别）的存在是句子存在的基础，不可想象在语言中会有不蕴涵任何范畴类别的语句组合。这实际上是不存在的，或者它不会是人们表情达意进行交际的语言形式。比较：

我从南京去上海

上海我南京从去

第一例词的组合之间存在着某些范畴类别（如"我"和"从南京去上海"之间，"从南京"和"去上海"之间，"去"和"上海"之间，都存在有这种类别关系），因而它是合法的句子，可以由人们运用，进行交际。

而第二例，所包含的个体词和第一例是一样的，但是它们没有显示出什么范畴类别，因而它们只是一些词的随便排列，不具备进行交际的功能。

语言的表达，不能靠词的无序排列来显示，而必须是有序排列。这"有序"，就是按着一定的语义范畴的"引导"来实现的。所以，主语和谓语，动词和宾语，它们之间都存在着一定的语义范畴关系，否则，它们是不会存在的。

可见，人们是这样构造句子来表情达意的：客观上存在着一个个词，它们代表着一定的概念、一定的意思。词是材料（如建筑材料），是"备用单位"，它是无法也不能表情达意的。这些孤立的一个个词只有按照一定的范畴关系组合起来，才有可能形成一个完整的单位——句子，来实现交际的功能。可见，种种范畴关系是构成句子的基础，是它的"灵魂"，没有"灵魂"是无法形成句子的。

1.2　语义范畴主要分为两大类：词类语义范畴和句法语义范畴。

1.2.1　词类语义范畴

词类范畴是指：各个词类所具有的类的语义、性能、作用，实词类主要是指语义范畴内涵，虚词类则是指它的性能、作用。每一种词类都占有一定的句法位置。它们从周边的制约选择搭配中显示出其类的范畴功能。

比如动词，常占有句的中心位置，前边系连行为"发出者"，后边系连行为"承受者",它和时态助词的系连显示出行为的"时"和"体",等等。这些便体现出动词的中心系连范畴功能,及动态(动作行为)范畴功能。

再比如形容词,常占有句的中心位置,句首有需要被说明的名词性成分,形容词的前边和后边有起限制作用的副词"很"等成分,前边还可以有表比较的"比"介词短语,这体现出形容词的性质、状态的描写范畴功能。

再比如副词,在句子里位于谓语中心语的前边,体现出限制、修饰作用(在时间、范围、重复、频率、情态、否定等方面)范畴功能。

再比如结构助词类:用于某两个成分之间,具有连接、隔离的范畴功能。

1.2.2 句法语义范畴

句法语义范畴是指:句子结构中存在的种种语义范畴类别,是句子成分(由词、词组充当)在组合中所显示出的种种抽象的、概括的类意义及关系意义。它是在组合中产生的,它也必然随着组合的解体而消失。

句法语义范畴主要有三类,即:句成分及其关系范畴、句型范畴、句法制约范畴。

一、句成分及其关系范畴

这是指,句成分在搭配组合中所显示出的句成分类范畴及其关系范畴。句成分的搭配,或者是按着一定的范畴关系要求进行的,或者它要体现出某一种范畴类别。如:

A. 主语←谓语（例：他想回家）

它们的语义范畴是：

话题（被说明者）范畴（主语）

说明范畴（谓语）

主谓（话题、说明）关系范畴

B. 施事主语→中心语（动作）→受事宾语（例：我吃馒头）

它们的语义范畴是：

施事范畴（主语）

动作范畴（中心语）

受事范畴（宾语）

施动受（施事、动作、受事）关系范畴

C. 定语→中心语（例：红的花）

它们的语义范畴是：

修饰、描写范畴（定语）

被修饰、描写范畴（中心语）

定中（修饰、被修饰）关系范畴

句成分关系范畴常常是偶性的，两两相对。

二、句型范畴

句型范畴是指，不同的句子类型所体现出的句类的总体范畴。句子可以分出不同的句子类型，不同的句子类型体现出不同的句类的语义范畴。句类语义范畴是区别句类的重要条件之一。上文我们讨论了句成分的语义范畴，那是就句子内部的局部结构关系而分析的，而句型范畴则是就句子的整体（特别的组合格式）而分析的，因而也可以称之为超成分组合范畴。

比如主动（句）（他吃苹果了）范畴和被动（句）［苹果（被）他吃了］范畴的不同，主要是由于不同的语序造成的（或再加助词"被"）。

当然，不同的句义范畴是和不同的句子结构形式密切相关。语义范畴离不开结构形式，结构形式离不开语义范畴，这应该是很自然的。这样，我们在分析语义范畴时，也就离不开对结构形式的观察。

试比较下边的例句：

（1）门开着呢（，你进去吧）

　　→开着门呢（，你进去吧）

（2）他吃着呢

　　→*吃着他呢

例（1）和例（2）从表面上看，似乎是相同的，实际上它们是两类不同的句子（两种句型）。例（1）属于状态句型类别［句子显示事物静止的存在状态（这也就是它所显示的语义范畴类别）］，在形式上，"门"可以移到动词的后边，这样移位，不仅句子还能成立，而且也不影响意思内容的表达。例（2）属于动态句型类别（句子表示人的某种动作行为），在形式上，"他"不能移到动词的后边（箭头右边的句子不能成立）。

可见，语义范畴的不同必然导致句表达形式的不同，或者说不同的表达形式体现出不同的句语义范畴。再比较：

（3）一个人在床上躺着

→在床上躺着一个人

　（4）*一圈儿小花在衣服袖子上绣着

　　←在衣服袖子上绣着一圈儿小花

例（4）和例（3）的情况似乎是一样的。但是例（4）箭头右边的句子是可以成立的，而逆反移位变化的句子（箭头左边的）却不能成立。这又是另一种语义范畴在起作用：例（4）的"绣""花"之间有一种结果关系（"绣"而后有"花"），正是这样的语义关系，制约了它不能有逆反的变化形式。

可见，语义范畴对造句的影响是多样的，有时候它的影响又是交叉的。我们再以身体行为句为例。如：

　（5）他举了举胳膊

　　→他的胳膊举了举

　　→[?]胳膊他举了举

　（6）他举了举杠铃

　　→[?]他的杠铃举了举

　　→杠铃他举了举

例（5）和例（6）从表面上看，似乎也是相同的，实际上它们也是两类不同的句子（两种句型）。例（5）属于身体行为句型类别（句子表示身体某部分的动作行为），而例（6）则属于普通叙事句型类别（叙说某种动作事件），这从例（5）和例（6）变化系列的不同选择便可以看出来。它们的变化系列恰好是相对立的，例（5）能成立的，例（6）不能成立，反之亦然。另外，句成分搭配上也有所不同，例（5）的"胳膊"在动词后边时，就和动词的关系来说，是受事，在动词前边（加上"他"做定语）时，则是施事；例（6）的"杠铃"位于动词后边时，就和动词的关系来说，是受事，位于句首时，还是受事。

三、句法制约范畴

句法制约范畴是指，影响、制约句法组合搭配的语义范畴。由于这些范畴的作用，句法成分在组合中，要求采用某种语序，而不能采取另一种语序；某些词语可以有这样的组合，而不能有那样的组合，等等。它不是由句成分组合直接体现出来的（如上边一、二所讨论的），也不是由句类别的整体体现出来的，而是除此之外另外附加的范畴类别，因而也可以称之为"附加造句制约范畴"。

A. 有定、无定对立范畴

有定、无定对立的语义范畴，制约着句成分的某些语序排列。有定是指，词语所表示的内容是有定的、确指的、已知的；无定是指，词语所表示的内容是无定的、不确指的、非已知的。比如"这个苹果（给你）"所表示的便是有定的、确指的、已知的，因为它确切地指出是某一个苹果，而不是别的苹果，而且在说它时，它已"已知"地存在于人的思想里；而"（丢了）一个苹果"所表示的则是无定的、不确指的、非已知的，因为它没有确切地指出是哪一个苹果，哪一个都可能是，也都可能不是，它不可能"已知"地存在于说话人的思想里。再看下边的例句：

（7）他卖衣服了：衣服他卖了

在比号左边的例句里，"衣服"位于动词的后边，从有定、无定的角度来看，这里的"衣服"是无定的，这句话的意思只是说

"卖衣服"这件事,至于卖的是哪一件、哪几件有所指的衣服,这里不涉及。

在比号右边的例句里,"衣服"位于句首,从有定、无定的角度来看,这里的"衣服"则是有定的,它是指说话人和听话人都已知的哪一件或哪几件衣服。

上边讨论到的存在句型(在床上躺着一个人)语序的排列,和有定、无定相关。这种句型里所指的"人"或"物"常常采用数量名这样的表示无定的短语形式,由于是无定的,它们常常要位于动词的后边。

可见,在句子里,表示有定的成分常常位于句首,而表示无定的成分则位于动词的后边。也可以说,有定、无定范畴制约了语序的排列:要求有定的成分最好位于句首,而无定的成分最好位于动词后边。这和人的思维逻辑表达相关,表达时总是先说出已知的。已知(有定)和未知(无定)是认识中的两个相对立方面,是普遍涉及的。它在语法中的作用也比较重要,常常影响到句法语序格局,在不少句型里都有显示。

B. 正、反义对立制约范畴

在词汇里边存在着相对的正义、反义词,如"长"是正义词,"短"是反义词,"舒服"是正义词,"痛苦"是反义词,等等。正义、反义词在句法的选择搭配中,有选择一方而排斥另一方的情况。试看下边的比较。

"还"在搭配上选择好义形容词,而排斥坏义形容词,如:

情况还好:*情况还坏

屋子里还整齐:*屋子里还凌乱

"有点"却相反,在搭配上选择坏义形容词,而排斥好义形容词,如:

身上有点难受:*身上有点好受

她有点难看:*她有点好看

"不够"和"还"一样,选择好义形容词,而排斥坏义形容词,如:

业余生活不够丰富:*业余生活不够单调

你不够主动:*你不够被动

"稍微……一点"却和"有点"一样,选择坏义形容词,而排斥好义形容词,如:

这孩子稍微笨了一点:*这孩子稍微聪明了一点

她稍微难看了一点:*她稍微好看了一点

可见,某些词语做状语时,对好义形容词和坏义形容词在选择上是不同的,或者可以和这一方组合,而排斥另一方,或者可以和另一方组合,而排斥这一方。

这可能和"还""有点"等表示的是微量、少量意思有关,也和某种情感情绪有关,比如用"还"有一种客气好评的情感。

再比较下边的例子:

二尺长:*二尺短

三尺宽:*三尺窄

一米深:*一米浅

一斤重:*一斤轻

这又是另一种选择排斥形式,"长、短""宽、窄"等正义、反义词,在和表度量衡的数量词组合时,只选择表示多的一方,而排斥表示少的一方。这里的"长、宽"实际上是表示长度、宽度的意思。

C. 去除义、获有义对立范畴

去除义和获有义对立范畴也有某种制约作用。比较:

(8) 我灭了灯了

→我把灯灭了

我点了灯了

→*我把灯点了

(9) 我撕了布告了

→我把布告撕了

我贴了布告了

→*我把布告贴了

(10) 我扔了垃圾

→我把垃圾扔了

我捡了垃圾

→*我把垃圾捡了

例句中的"灭""撕""扔"都是表示去除义的,它们构成的相对应的"把"字句,也都可以成立。"点""贴""捡"都是表示获有义的,而它们构成的相对应的"把"字句都不能成立。

可见,含有去除义范畴的动词充当谓语中心语时,在句式变化时不存在制约作用,而相对应的获有义动词在同样情况下却存在制约作用。这可能和"把"字句的处置功能有关,它倾向于"外向"

处置作用表述。

D. 长持续范畴和短持续范畴、严肃和非严肃范畴

长持续和短持续范畴是指，动词所显示的动作行为只能长时间持续或短时间持续的语义类别。由于这种范畴的制约作用，在句法组合中便区分出不同的组合状况（见第三章第三节）。

在语句表达中，有时要表示比较严肃的事件，有时则要表示不那么严肃的事件。前者侧重于书面性、抽象性较强的表达，后者则侧重于口语性、具体性较强的表达。我们把这种在词和词的搭配中有不同选择的情况称为严肃、非严肃对立范畴。比较：

看：看书 ‖ *看书报

阅读：*阅读书 ‖ 阅读书报

"看"和"阅读"的词义是相当的，但是"阅读"在表达上要严肃些，书面性、抽象性强些；而"看"在表达上却相反，显得不严肃，口语性、具体性强些。因此，它们在和宾语搭配选择上，便会有截然不同的情况。

再比较下边的例句：

他们进行了谈判

*他们进行了聊天

"谈判"是书面性强的词，表达上要严肃些，而"聊天"则是一个地道的口语词。因而前者可以充当"进行"的宾语，后者则不能。"进行"要求构成比较严肃的句。

E. 置放义范畴、附着义范畴

试比较下边的甲、乙两组例句：

甲组：

(11) 他在地上放（行李）

　　→他把（行李）放在地上

(12) 他在门上装（锁）

　　→他（把锁）装在门上

乙组：

(13) 他在屋子里吃（面包）

　　→*他（把面包）吃在屋里

(14) 他在海边拾（贝壳）

　　→*他（把贝壳）拾在海边

甲组里的"在地上""在门上"可以移位到动词"放""装"的后边，而乙组里的"在屋子里""在海边"却不能移位到动词"吃""拾"的后边。这是为什么呢？这是范畴类别制约的缘故。甲组动词"放""装"含有共同的置放义，所以"在"介词短语可以移位到它们的后边，而乙组动词"吃""拾"不含有置放义，所以"在"介词短语便不能移位到它们的后边。可见，这里能否移位是置放义范畴在起着作用。

再比较下边的甲、乙两组例句：

甲组：

(15) 我用水浇（花儿）

　　→（花儿）我浇水

(16) 我用纸糊（窗户）

　　→（窗户）我糊纸

乙组：

（17）我用犁犁（地）

→*（地）我犁犁

（18）我用钓鱼竿钓（鱼）

→*（鱼）我钓钓鱼竿

甲组里的"用水""用纸"可以位移到动词"浇""糊"的后边（删去介词"用"），而乙组里的"用犁""用钓鱼竿"却不能移位到动词"犁""钓"的后边。这是为什么呢？这也是范畴类别制约作用的缘故。甲组的"用水浇""用纸糊"含有共同的转移附着义（即：经过"浇"的动作"水"附着在花儿上，经过"糊"的动作"纸"附着在"窗户"上），所以"用"介词短语可以移位到动词的后边（删"用"）；而乙组的"用犁犁""用钓鱼竿钓"不含有转移附着义，所以"用"介词短语便不能移位到动词的后边。可见，这里能否移位是转移附着义在起着作用。

上边我们讨论了若干种句法制约范畴，可以看出，语句里会出现这样的结构形式，而不能出现那样的结构形式，会有这样的组合搭配，而不能有那样的很近似的组合搭配，这常常和某种范畴类别密切相关。弄清楚这些范畴类别，显然对深入理解句法、句型结构是很有益处的。

1.3 范畴分布

这里所说的范畴分布是指，范畴类别在语句里出现多少的状况，即：同一语句范畴可能是通过哪些不同的形式来表达的，它们各有什么不同之处，相互之间又有什么联系。

范畴有各种各样，范畴分布也有各种不同的状况。有的范畴分布上可能只有一种，有的可能会有多种。研究这些是很有意思的，从中可以体会到人们思维的状况及语句形式的状况。

一、语义范畴分布最广的恐怕是因果范畴。因果范畴是一种重要的逻辑思维方式，因此它在语句中的反映也最为丰富。因果范畴的表达形式有以下几种类型：

a. 连动句形式。如：

（19）他说谎挨批评了

（20）他害肺病死了

例（19）"说谎"是因，"挨批评"是果；例（20）"害肺病"是因，"死"是果。

b. 兼语句形式。如：

（21）我爱他老实

（22）我恨他老骗我

例（21）"老实"是因，"爱他"是果；例（22）"老骗我"是因，"恨他"是果。

c. 动补句形式。如：

（23）他推翻了桌子

（24）大风刮倒了小树

例（23）"他推"是因，"桌子翻"是果；例（24）"大风刮"是因，"小树倒"是果。

d. "得"字补语句形式。如：

（25）她忙得连吃饭的时间都没有

(26) 他气得我一夜没睡好觉

例（25）"她忙"是因，"（她）连吃饭的时间都没有"是果；例（26）"他气（我）"是因，"（我）一夜没睡好觉"是果。

(27) 他捂了一身痱子

(28) （跑得太快了，）跑了我一身的汗

例（27）"他捂"是因，"他（有了）一身痱子"是果；例（28）"我跑"是因，"我（有了）一身汗"是果。

e. 动宾形式。如：

(29) 养病

(30) 愁女儿的婚事

例（29）"病"是因，"养"是果；例（30）"女儿的婚事"是因，"愁"是果。

可以看出，因果范畴分布上是多种多样的。这种多样性可以适应表达上的不同需要。连动句形式因在前，果在后，它是表示由于某一事件而引发了另一事件，在结构上比较松散。兼语句形式则是因在后，果在前，它是表示某种喜恨的感情是因何而产生的；动补句形式是因在前，果在后，表达的重心是在果而且还常和致使义范畴并存，如例（23）是表示因推而使桌子翻；例（26）是表示因气而使我一夜没睡好，例（28）是表示因跑而使我出了一身汗。动宾形式是因在后，果在前，它是表示因果范畴的最紧凑的一种形式，它本身的结合面也比较窄，它的成员是可以穷尽列举的。

二、句型"每"的范畴分布也是比较广的，但是它另具特色。（这里说的"每"范畴是一种句型范畴）试比较下边的例句：

主-动-宾

（31）一个人吃一个苹果

主-动-补

（32）一个人拉一趟

状-动-宾

（33）一天吃两个苹果

状-动-补

（34）一天拉一趟

从局部的句成分来看，例（31）至（34）分别是由不同的句成分构成的句式。但是它们却都含有句型范畴"每"的意思，如例（31）等于每一个人吃一个苹果，例（34）等于每一天拉一趟，等等。可见，句型范畴"每"的分布，是不受句成分类别的限制的，它可以"凌驾"于一切句成分组合之上。再看下边的例句：

（35）走一步，回一下头

（36）过一分钟，灯光闪一次

例（35）（36）都是复句，但是它也含有句范畴"每"的意思，例（35）等于每走一步，就回一下头，例（36）等于每过一分钟，灯光就闪一次。可见，句范畴"每"的分布还可以"凌驾"于单复句之上，而不受它的限制。

三、承受范畴的分布也有它独特的一面，它经常体现在动宾方面，如：

（37）他推我

（38）我已经给了他了

例（37）"我"、例（38）的"他"和动词之间都有一种承受关系。但是承受范畴有时也可以体现在主语和动词方面，例如：

（39）眼睛迷了沙子了

（40）他在医院里开了刀了

（41）他中了弹了

例（39）的"眼睛"，例（40）（41）的"他"都是动作行为承受的对象，体现了承受范畴。

可见，"范畴"的分布是广泛的，又是多样的。正是它们"串连"着句子，制约着句子，体现出和"形式"相对应的句子构造的一个主要方面。

1.4 范畴的多侧面性

这是指，语句所蕴涵的范畴具有多重性，需要从多个侧面来观察。例如：

（42）他昨天来过这里

（43）那些破旧衣服我全扔了

例（42）里的"他"具有多重性。从和谓语"昨天来过这里"的关系来看，"他"体现了话题范畴，它是谓语说明的对象；从和谓语动词的关系来看，它又体现了施事范畴，"他"是"来"所显示的动作行为的发出者。

例（43）的"那些破旧衣服"也具有多重性。从和谓语"我全扔了"的关系来看，"那些破旧衣服"体现了话题范畴，它是谓语说明的对象；从和谓语动词的关系来看，它又体现了受事范畴，它是动词"扔"所显示的动作行为的承受者。

再比较下边的例句：

(44) 我打电话叫车

从一个侧面看，"叫车"是谓语中心部分，"打电话"体现了方式范畴，表示实现"叫车"这一事件行为要采用什么样的方式；从另一个侧面看，"打电话"是谓语中心部分，而"叫车"体现了目的范畴，表示"叫车"这一事件行为所要达到的目的。

有时由于未能注意到这种范畴的多侧面性，会使我们的分析工作陷于迷惑，或者陷于争论。如果我们用范畴多侧面的观点来分析问题，则会较为全面。

多侧面性也反映出范畴是具有层级性的。这从上文对"每"范畴的讨论中便可以看出来。"每"范畴是属于句的层面的，是整句的范畴类。它下边的各句成分之间所体现出的各范畴类则是属于句子内部某一局部方面的，和整句体现出的范畴类相比较，应该是属于次一级的。各句成分下边还可以再分出一些更次一级的范畴类来。

2. 意义和形式结合

2.1 这一部分，我们讨论意义和形式相结合的问题。这在前边讨论语义范畴时已有涉及，这里集中讨论。

如果我们要问，如何来分析好语法？这便会有不同的说法，如果再要把问题谈得具体一些，更会有这样那样的争论。这些不同的说法，这样那样的争论，往往都和对"意义"和"形式"问题持什么态度密切相关。纵观语法研究的发展史，便会发现，语法分析的一些"大转弯"，一些大的争论，它的根子往往都和对"意义"

和"形式"持什么态度相关。早期的语法分析侧重于"意义"方面，后来有较长一段时间则侧重于"形式"方面，以后又开始注意"意义"方面的分析。这个"曲线"发展便说明，"意义"和"形式"问题，是语法分析中的一个根本性的问题。同时，也说明，"意义"和"形式"不能只照顾到某一方面，应该并重。

道理很简单。因为，语言是表情达意的交际工具，既然要表达，那就得依靠一定的物质东西，让交际的双方能够"看"得见，"听"得着，这便是"形式"；"形式"要有一定的内容，否则，也就不能存在，这便得有"意义"。可见"意义"和"形式"是"相依为命"的，二者必须共生共存。我们在分析中，往往要通过"形式"来理解"意义"，反过来，又要通过"意义"来观察"形式"，只有对"形式"理解得更深，才能对"意义"理解得更深；反过来，对"意义"理解得更深，才能对"形式"理解得更深。

因此，我们应该采用"意义"和"形式"相结合的原则来分析语法问题。

2.2 语法中的形式

前边我们已讨论了语法中的语义范畴问题，现在来讨论语法中和意义相对应的形式问题。应该说，语法结构中以语义范畴为基础所显示出的种种语词搭配组合、种种语法结构的变化，都属于语法中的形式方面，如：

用什么样的词的类别做组合

词语的选择搭配

语法类内部的自由和限制（见第四章第五节）

词语的顺序排列（语序）

语句的结构变化

对虚词的不同选择

当然，不同的语法类别会有不同的形式显示系列，其包括的形式条款，有的会多一些，有的会少一些。

类别在选择形式条款时，也经常会出现某些选择交叉，这一个类别部分选择那一些形式条款，那一个类别也部分选择这一些条款，但不会出现完全重复。

2.3　意义和形式相结合

2.3.1　既然语法中的类别和组合结构，都是以意义和形式相结合的形式存在的，我们研究者就应该以此为立足点和出发点来观察、研究语法中的类别和组合结构的语义方面和形式方面，各自是什么样的情况，又是如何相结合的。这样，逐步深入地来认识语法。

2.3.2　从意义到形式

我们在观察、分析语法结构时，有时可能是先接触到"意义"，对它有所了解后，再进入到和意义相对应的"形式"。比如宾语类型：

（45）　盖锅

　　　　盖锅盖

（46）　翻钱

　　　　翻抽屉

（47）　揉面

揉馒头

上边三组各有两个例子,两个例子的动词是相同的,例(45)是"盖",例(46)是"翻",例(47)是"揉",而所带的宾语各有不同。我们在研究这三组例子时,首先注意到的是,各组的宾语和动词的语义关系有不同,例(45)上面的"锅"和动词"盖"是受事关系,而下面的"锅盖"和动词则是工具关系;例(46)上面的"钱"和动词"翻"是目的关系(在找钱),而下面的"抽屉"和动词则是处所关系;例(47)上面的"面"和动词是受事关系,而下面的"馒头"和动词则是结果关系。

了解了以上各动宾结构的语义关系后,我们便可以运用变化的方法顺次观察它们的形式状况。上边三组例子可以加合变化为以下三种形式:

(48)用锅盖盖锅

(49)为了(寻找)钱在抽屉里翻

(50)把面揉成馒头

经过这样的加合变化形式,相互比较,便从形式上显示出动词和宾语各不相同的关系。这样我们便大体上完成了从意义到形式的观察分析,也看到了意义和形式相结合的状况。再看下边的例子:

(51)沿海地区遭了风灾

(52)他遭(到)了毒打

(53)他挨了巴掌

(54)我挨了批评

我们首先会注意到,上边的例子表示的都是被动语义,而且都是不愉快的事情。这是意义方面。进一步观察，句中的动词"遭""挨"都是被动动词（只能构成被动式。不同于"买""请"等动词），宾语可以是名词（风灾、巴掌）或动词（毒打、批评），语序是：事件承受者词语＋动词＋事件发出者词语，不同于"我推他"（事件发出者词语＋动词＋事件承受者词语）。这是结构的形式方面。

这样，我们便大体上完成了从意义到形式的观察分析。

2.3.3　从形式到意义

上边讨论了从"意义"到"形式"的分析，现在再来看从"形式"到"意义"的分析。试看下边一组例句：

(55)（有十个人，）一个人分两个

(56)（服三天，）四个小时服两片

(57)（去五次，）一次去三个人

(58) 隔十步，有一个岗哨

首先我们注意到的是，这些句子里都有两个相对应的数量短语，比如例（55）是"一个人"和"两个"相对应，例（56）是"四个小时"和"两片"相对应，例（57）是"一次"和"三个人"相对应，例（58）是"十步"和"一个岗哨"相对应。其次是，这些句子里的中心语动词都可以轻易地被省去，而说成"一个人两个""四个小时两片""一次三个人""十步一个岗哨"（一般动词句的中心语动词不能被省去，如"我推他"里的"推"）。另外，这些句子前边往往有表示总数的数量词语，如例（55）的"十个人"。

这样，例（55）至例（58）便形成了一种有共同形式特征的句式。那么，和它们相对应的语义内涵是什么呢？仔细观察会发现，这些句子都表示多次重复，还都表示"每"的意思，例（55）是表示每一个人分两个，例（56）是表示每四个小时服两片，例（57）是表示每一次去三个人，例（58）是表示每隔十步有一个岗哨。这些例句便显示出共有的"每"语义范畴。

这样，我们也就完成了从形式到意义的分析，看到了意义和形式相结合的状况。

再看下边的例句：

（59）从前边跑来了几个人

（60）哗的一声，从水里钻出来一个少年

（61）隔壁店里走了一帮客人

（62）他们家跑了几只兔子

我们首先观察到的是，这类句子的语序安排比较别样：例（59）的施事成分"几个人"，位于动词"跑来"的后边，例（60）的施事成分"一个少年"位于"钻出来"的后边，例（61）的施事成分"一帮客人"位于"走"的后边，例（62）的施事成分"几只兔子"位于"跑"的后边。这和普通动词句施事成分所处的位置是相反的（可比较"他跑向河边"）；另外，谓语中心语含有表示趋向动词"来""出来"等或是表示离去的动词"走""跑"等；句子前边是表示处所的"从前边""隔壁店里"等。这些便是例（59）至（62）的共同形式特征，由于具有这些特征它们聚合在一起，成为了一个类别。

那么，和这一类别句子所显示的形式方面相对应的语义内涵又是什么呢？仔细观察会发现，这类句子是表示一种客观描述，是客观上从某处所出现了什么或消失了什么，往往带有突然性。这便是这一类句子的语义内涵（和结构形式相对应），这一类句子一般称为"隐现句"。

这样，我们又完成了一项从形式到意义的分析。

以上我们举例讨论了从意义到形式、从形式到意义的分析，这是为了说明意义和形式相结合的语法结构的分类状态。实际的情况当然不会这么简单，往往需要反反复复地观察、思考，可能还会走弯路。但是只要沿着这一方向去走，最终是会有收获的。

2.3.4 上边的讨论举例都是句子方面的，现在举例说说词类方面的意义和形式问题。词类的语义范畴问题，我们在前边已讨论，现在举例说它们的形式方面。如：

动词：上文已讨论过的动词的组合和变化系列（可以带数量补语、可以用×不×提问等）便是和动词语义范畴相对应的形式方面。

形容词：功能形式是充当谓语中心语、定语，可加程度副词，有重叠形式及生动化形式。

结构助词："的"用于定语和中心语之间，"地"用于状语和中心语之间，"得"用于中心语和补语之间。这是结构助词主要的形式框架。

本节讨论了"意义"和"形式"问题。我们对这两个"伙伴"的态度常常不太公平，有点疏远"意义"，而亲近"形式"，对

"意义"有点想躲着。实际上"意义"可能更重要些,对汉语来说,更应是这样。

第四节　功能剥离
——避免陷入分析误区的观点

语言的词语是连贯着出现的。在句子中起不同功能作用的实词和虚词都是处在连贯中。特别是汉语,它是"字形词",书写形式是一个汉字连着一个汉字,它们"平等"地排列着。这样,句中的每一个词所起的功能或作用,便有可能出现互相影响,难免"搅混"在一起,难以区分清楚。我们应该把相连的实词和虚词的功能或作用区分开,以便更清楚地认识它们。

"功能剥离"是指,把语法单位混在一起的功能剥离开,显示各自的功能。

1. 关于"了"

1.1　谈到虚词"了",一般就会说,"了"很复杂,不好分析清楚,它成了个"老大难"。其实,并不是这样。"了"的基本情况并不那么复杂,也并不那么难。试比较下边的例句:

(1) 你先吃了,我再告诉你

(2) 我吃了,你别给我做饭了

例(1)的"了"是词尾"了",例(2)的"了"是句末"了"。词尾"了"用在动词的后边,表示完成,句末"了"用在句末,表示出现新情况,确定某种事实。

在普通话系统中,"了"的基本情况就是这样,挺简单。

词尾"了"(了1)和句尾"了"(了2)区别的方法是:加宾语。例(1)的宾语只能加在"了"的后边,如:

(3) 你先吃了它,我再告诉你(不能说:*你先吃它了,……)

例(2)的宾语只能加在"了"的前边,如:

(4) 我吃饭了,你别给我做了(不能说:*我吃了饭,你别……)

另外,句末"了"有成句的作用,例(2)和例(4)"了"的后边都可以改为句号,如:

(5) 我吃了。你别……。

(6) 我吃饭了。你别……。

例(1)和例(3)都不能这样。

1.2 感到"了"复杂,常常是把其他成分的功能算在了"了"的头上。比如有的书有这样的表述:"了"放在动词重叠式中间,表示动作历时不久,举例如下:

(7) 我敲了敲门,……

(8) 只是随便谈了谈购粮的事,……

试比较下边的句子:

(9) 你敲敲门,看有人没有

(10) 咱们随便谈谈,然后再去办别的事情

例(7)(8)和(9)(10)"敲""谈"都用的是重叠式,都表示动作历时不久。可见,"历时不久"的意思是由动词重叠这一

形式显示出来的。例（7）（8）的"了"还是起着原本的完成（实现）的作用，"历时不久"的意思和"了"无关。

再比如，有的书中有这样的描述：

"了"用于特指疑问句句尾，表示询问。举例如：

(11) 你读几年级了？

(12) 谁今天去广州了？

例（11）（12）是疑问句。显示疑问的因素，显然是句中的代词"几""谁"及问话语调起的作用，和"了"无关。而"了"还是起着它原本的作用。比如例（11）（12）的回答语可以是：

(13) 我读三年级了

(14) 老张今天去广州了

我们不能说例（13）（14）和例（11）（12）中的"了"是不同的"了"。

1.3　"了"让人感到复杂，有时是因为，在一定条件下出现的"了"是否是"了1"和"了2"合并形式的问题。

曾看到一本词典中关于"了"的如下分类描述：

a. 动词/动词短语 + 了 1 + 2

他把自行车骑走了

学生们都在外面呢，休息了

b. 形容词/形容词短语 + 了 1 + 2

孩子大了

鞋小了

c. 名词/数量词 + 了2

   秋天了

   牛大水二十三岁了，还没娶媳妇

d. 动词 + 了1 + 2

   雨停了

   我们来了

e. 述宾短语 + 了1 + 2

   加工资了

   弟弟也爱干净了

f. 述语 + 补语 + 了1 + 2

   西客站提前建成了

   躺下不久，又站起来了

g. 助动词 + 动词 + 了1 + 2

   我们也会用计算机了

   她又想去买衣服了

h. 用于反问句尾，限于特指句形式。是"了1 + 2"。

   他天天在北京，他什么时候去广州了？

i. 用于小句句尾，小句 + 了1 + 2。句尾后另有一语气词。

   英语考试你通过四级了吗？

   今儿不是星期三了吗？

　　看了上边的分类描述，会让人感到挺复杂，也不太好理解、掌握。那么，有没有比较简便的分析方法来做分析呢？观察会发现，当词尾"了"和句尾"了"共现时，词尾"了"可以被略去，只保留句尾"了"。比较下边的例子：

我买了鞋了,有穿的了

我买鞋了,有穿的了

*我买了鞋,有穿的了

第二句能成立,说明了"了1"和"了2"共现时,"了1"可以略去,而第三句不能成立,说明在同样条件下,"了2"不能略去。

据此,以上(a)至(i)各项例句里的"了"都可以分析为句尾"了"(了2)。另外,我们前边还曾指出,句尾"了"有成句的作用,以上各例句,除问句外,都可以用句号。

2. 关于语气助词

2.1 一般说"吗""呢"用在句尾,表示疑问,还表示其他意思。实际上,并不是这样。试比较下边的句子:

(15)你找我有事吗?

(16)你不认识我吗?

(17)难道我不应该告诉他吗?

这是是非问句。语调是高扬的,句尾有助词"吗"。那么,疑问语气是由哪个部分显示出来而起作用的呢?我们可以把例(15)至(17)的助词"吗"略去,只保留高扬语调,如下:

(18)你找我有事?

(19)你不认识我?

(20)难道我不应该告诉他?

没有"吗",例(18)至(20)表现出的问话效果和例(15)至(17)相同。

如果例（15）至（16）略去高扬语调而用一般陈述语调，还保留句尾的助词"吗"，便不能成为问话。(*你找我有事吗)

比较可见，显示疑问的是问话高扬语调（另外，还有选用疑问代词的问题），而不是"吗"。

助词"吗"的作用是：用在是非问句的末尾，使句子显得平和些，不突兀，不生硬，如此相配合。

2.2　下边是用"呢"的句子：

(21)　他在那儿干什么呢？

(22)　谁明天去上海呢？

(23)　他等会来不来这里呢？

(24)　我们能不能在你们家住几天呢？

例（21）（22）是特指问句，例（23）（24）是选择问句。例（21）（22）句中用有代词"什么""谁"，例（23）（24）句中用有"×不×"提问形式，例（21）至（24）都用问话语调，句尾都有助词"呢"。那么，疑问语气是由哪个部分起作用而显示出来的呢？我们还用略去助词"呢"来比较观察，如：

(25)　他在那儿干什么？

(26)　谁明天去上海？

(27)　他等会来不来这里？

(28)　我们能不能在你们家住几天？

没有"呢"，例（25）至（28）和例（21）至（24）表达的问话效果相同。可见，例（21）（22）显示出的疑问语气是由代词"什么""谁"和问话语调显示出来的，例（23）（24）显示出的疑问语气是由"×不×"形式和问话语调显示出的。助词"呢"的作用是：用在特指问句、选择问句的末尾，舒缓语气，使句子显得完整些，不突兀，不生硬，如此相配合。

2.3 再比如，有人认为"吗"表疑问，用于反问句，多有责备、质问、辩白等意味，如：

(29) 你这是爱护他吗？[责备]

(30) 难道世上能有付出少而收获多的事吗？[质问]

这样分析，会使人觉得助词"吗"有责备、质问等功能。我们还用略去"吗"来测验，如下：

(31) 你这是爱护他？

(32) 难道世上能有付出少而收获多的事？

例（31）（32）同样有责备、质问的意思。可见，这和"吗"没有关系。这里的"吗"的功能还是我们上边2.1所指出的那样。

再比如，有人对是非问句和正反问句做比较，写道：用"吗"的是非问句和正非问句的意向不同。用"吗"的问句发问，问话人常常有预想的答案，而用正反问句一般没有预想的答案。如：

(33) 这么晚了，他们还会来吗？（意向是否定的）

(34) 走了这么久，你不累吗？（意向是：你应该累了）

这样分析，会使人觉得好像助词"吗"在显示意向功能上起作用。我们还是用略去"吗"的方式来测验，如：

(35) 这么晚了，他们还会来？

(36) 走了这么久，你不累？

例（33）（34）和例（35）（36）所表示的功能效果相同，可见，这和"吗"没有什么关系。这里"吗"的作用还是我们在2.1所讨论的那样。

2.4 下边的句子句末用语气助词"啊"：

（37）咱们什么时候去那儿啊？

（38）你到底同意不同意啊？

（39）你要留神点儿啊！

（40）这座山好高啊！

例（37）（38）是疑问句，例（39）是祈使句，例（40）是感叹句。如果把例（37）至（40）句中的"啊"去掉，相对应的是如下的句子：

（41）咱们什么时候去那儿？

（42）你到底同意不同意？

（43）你要留神点儿！

（44）这座山好高！

比较可见，去掉"啊"后，例（41）至（44）和分别相对应的例（37）至（40）的情况几乎是一样的，是疑问句的还是疑问句，是祈使句、感叹句的还是祈使句、感叹句。这说明"啊"本身并不表示疑问、祈使、感叹。

这里的语气助词"啊"的功能应该是这样：用在疑问句、祈使句、感叹句的末尾，平缓语气，让句子显得完整些，不突兀，如此相配合。

3. 关于"疑问"代词

一些书里赋予"谁""什么""怎么"等代词以下几种功能：

表疑问、表任指、活用或虚指。如以下几组例句:

第一组:

（45）谁找老李？

（46）你买什么？

（47）我们怎么去？

第二组:

（48）谁都在找老李。

（49）他什么都买。

（50）怎么去都可以。

第三组:

（51）我不找谁。｜我没找过谁。

（52）我不买什么。｜我没买什么。

（53）我不知道怎么去。

第四组:

（54）这件事好像谁告诉过我。

（55）我应该买点什么送他。

（56）你说我该怎么报答他。

上边四组例句里都分别包含"谁""什么""怎么"。第一组里的"谁""什么""怎么"一般分析为表示疑问，第二组一般分析为表示任指，第三、四组一般分析为"活用"或"虚指"。实际上，"谁""什么""怎么"等并没有这么复杂，它们只归属于一个词类——不定代词，指一定范围内不确定的人或物。

第一组是因为"谁""什么""怎么"等显示出的是不确定的

意思，加上疑问语调，便产生了问话的效果。第二组因为句中有"都"，第三组由于句中有否定词"不"或"没"，第四组是由于句中有"好像"或"应该"，所以便都采取了陈述语气，句末用句号。这几组里的"谁""什么""怎么"都是表示它原本的意思（一定范围内不确定的人或物）。

4. 结构语义功能剥离

好多年前，我曾写过一篇短文，其中有下边一段讨论文字：

开　放在动词后面，表示效果。睁开眼。打开窗子。张开嘴。（《新华字典》）

我们一般把动补格（如：打倒、吃饱、气红、吓跑）的后一个成分叫结果补语。这种"结果"的意义只是在这种格式中才体现出来的，绝不应该把这种"结果"（或"效果"）的意义归结到"结构补语"中的某一个词上去。上边例子中的"开"是结果补语作为补语来说它表示结果（或效果），但它本身的词义应该是表示扩大、分开等。

每。例：共派八队，一队二十人。（《汉语词典》）

每，每个。例：用十辆卡车，一车坐五十人。（《同音字典》）

以下是结构完全相同的句子："三个苹果，两个人吃一个。""一百个人，十个人住一间房子。"这种句子也是表示"每两个人……""每十个人……"的意思。能不能说"两""十"也表示"每（每个）"？当然不是。"每"的意义是对应的数量结构表示的，和"一"无关（见本书第四章第二节）。

想 把以前的事重新记起来。例：时间太长了，想不起是谁了。(《同音字典》)

比如"想了半天才想起来"中的两个"想"意思应该是一样的，都表示思索。"想起来"有"把以前的事重新记起来"的意思，但这是由于"起来"的关系。动词后虚用的"起来"有较多的义项，如"把门关起来"中的"起来"表示"合拢"，"他们唱起来了"中的"起来"表示开始，等等。在上边"想"后面的"起来"是表示思索、回忆达到预定的目的。

上边的例子都是从当时的几部词典里引来的。它们是把某一个结构或组合的意义算在了某一个词上边了。

语法研究中，"功能剥离"也是应该注意的课题。如果把握不好，张冠李戴，就难免会走弯路。

第二章 词类

第一节 说词类

1. 语法一般分为词法和句法

词法是研究词类的，句法是研究句的。从语言的发展来看，词类和句法是结合在一起的。当初有了句，也就有了词，有了词的类。区分出句成分，也就区分了词的类别。句成分不能只是个"空壳"，需要词类来充实。句成分的功能不同，充实它的词的类别也就不同。

句分为主语、谓语、宾语，同时也就有了主宾词（充实于主语、宾语）——名词，有了谓语词（充实于谓语中心语）——动词、形容词。

句成分需要组合（常显示为实词语组合），组合要求清楚、显明，便需要"隔离词"（连词）来"帮忙"，如：

（1）牛奶糖我买了

（2）非常红苹果

（3）她很得意说

（4）他跑上气不接下气

例（1）的"牛奶糖"恐怕只能理解为是一种食品，如果指的是两种食品，这就需要加个"和"（连词）才清楚（牛奶和糖我买了）。例（2）（3）（4）都不太清楚。"非常"后边要加"的"，

"得意"后边要加"地","跑"后边要加"得",这样才清楚。"和""的""地""得",主要都是起隔离的作用。

处于中心的"谓语词","动"和"静"是分明的,前者表示动作行为,后者表示性质状态,并各有较完善的句法特征系列,于是便区分出动词和形容词。

谓语词(动词、形容词)表达上需要辅助、丰满,于是便有了状语,也就有了副词。句中的主宾词也需要丰满,于是便有了定语,也就有了数量词,因为主宾词(名词)所指是需要点数的。

一般说,介词是由动词弱化形成的。作为谓语中心语的动词,它表达上的需求是多方面的,于是一些动词便逐步弱化带上宾语只做状语,辅助动词,表示动作行为的方向、目的、对象等。动词为什么要弱化成介词呢?因为在动词句(单句)里只能有一个中心,它是做谓语中心语的动词,其他进入句子的动词短语,便要弱化,有的弱化为介宾短语,起辅助作用,做状语或补语(见第四章第一节)。

词类是和句同步发展形成的,是在句法中显示出来的。

在语言的发展中,代词的出现应该要晚一些。比如小孩学说话,开始阶段会说"平平不吃,爸爸吃",而不会用代词说"我不吃,你(您)吃"。代词的出现与使用,可以说是语言发展的一次突破。比如小赵说的一段话:

(5)老李、老张、老王明天去上海,老李、老张、老王要多待几天,小赵在这里等老李、老张、老王

你看,这样说很啰唆,也不太清楚。如果用了代词,那就不

同了：

（6）老李、老张、老王明天去上海，他们要多待几天，我在这里等他们

再比如小赵说的另一段话：

（7）靠近小赵的东西是小赵的，离小赵远的东西不是小赵的

如果换用代词，就简练、清楚多了：

（8）这是我的，那不是我的

从代词的分配状况来看，人称代词最多，也最全，三身人称代词有单数的，有复数的，有口语性的，有敬称的，还有其他。这说明语言是以人为中心的，人在使用，为人服务，言谈中常常涉及的都是人的事。

真正称代事物的代词只有一个"什么"。从人的角度来看，有个"什么"就可以了。"你吃什么？""你看什么？""什么好玩？""你去什么地方？"回答常需要用指事物的名词，这样才清楚。

对人的表达来说，距离是要常常涉及的，于是便有指代词"这"和"那"，也是以人为标杆，离人近的是"这"，远的是"那"。

2. 句法词类

依据前边的讨论和汉语"字形词"的特点，我们提出"句法词类"的观点。意思是：从句中分离词类，确定词类；反过来，词类又服务于句法，参与句法构成。这是词类的性质确定的，是语言事实反映出来的，是划分词类的基本出发点。

语言在线性运作着，延伸着，我们最初的操作只能以此为对象

第二章　词类

做研究观察。在线性语言里，句，是最小的最基础的交际单位，它一个一个地延续排列着。词，是从句中分离出来的，是最小的运用单位，又依据词在句中的不同句法位置、发挥的不同的句法作用，以及不同的句法选择搭配状况，而分出不同的词的类别来。

提出句法词类，使词类范围、标准比较明确，易于掌握，易于取得共识。据此，词类分别描述如下：

动词

其类的位置是动态句的谓语中心语，后边可以带宾语，可以带数量补语，前边可以加方向性的"从""往"类介词短语状语。

形容词

其类的位置是静态句的谓语中心语，前边可以加程度副词状语，加"比"介词短语状语，后边可以加"极"补语。

名词

其类的位置是主语、宾语。可以加数量词定语、形容词定语、代词定语。

副词

其类的位置是状语。除其中的"极""很"可做补语，都不能做其他句成分。

介词

带上宾语做状语，有的可做补语。

虚词中的结构助词和语气助词，只能在句法层面说明、理解。虚词中的时态助词好像只是和动词（词层面）发生关系的，其实不然。在下边第6小节中我们指出，时态助词"了""过"有时是和

"动补"发生关系或和一串词语发生关系的。更主要的是,汉语语法中的时态("时""体")表示,常常是综合性的,时态助词需在句法层面和其他类的词配合起来,才能对"时""体"表现得比较完善。

3. 词类转化

这是指:一个实词类的词,在一定的句法条件下,失去了原本的特征(部分),而取得了另一个实词类的特征,或也有"类位置"的转移。

3.1 形容词动态化

这是指:形容词失去了原本的特征(加程度副词、加"比"介词短语),而获得了动词的某些特征,并显示出动态(性质、状态变化)。主要有以下形式:

带趋向补语。如:

(9) 天气逐渐热起来了

(10) 再胖下去,可怎么办!

(11) 车慢了下来

表比较,带宾语。如:

(12) 他高了我一头

(13) 我小他十岁

带动量补语。如:

(14) 热闹一阵,安静一阵

前边加状语"一"。如:

(15) 脸一红,走了

（16）雨水一大，收成会有影响

可见，形容词的动态化显示出的相应的形式特征还不少，有点向动词靠近。但是这和动词有很大不同。首先，它限于一部分形容词，常见的是那些表示颜色（红、黑）、外部形状（高、大）的等；其次，特征显示有限制，如所带趋向词主要是"起来、下去"等，带宾语也只是在个别表比较的形式中，带数量补语的范围也不大。更主要的是，这种转化是表示一种性质、状态的变化（非自主的）。这些和动词的情况相距甚远。

3.2 动词名词化

这是指：某些双音节动词（抽象），离开了本身的类位置（谓语中心语），而进入宾语（或主语）的位置（名词的类位置），失去了原本动词的某些特征，而取得了名词的某些特征。

例如：

（17）得到了大家的帮助

（18）在那里受到了他们的热烈欢迎

（19）遭到了对方的报复

（20）挨了几个人的打

（21）大家进行了认真的讨论

（22）加以妥善的解决

（23）做了必要的答复

"（大家的）帮助""（他们的热烈）欢迎""（几个人的）打"等都是动词名词化形式，它们进入宾语（名词的类位置）的位置，失去了动词的某些特征，并取得了名词的某些特征（加定语）。

这里充当谓语中心语的只限于少数几个动词，主要是"得到、受（到）、遭（到）、挨、进行、加以、做"等，也就是说，只有少数动词能够带动词名词化形式做宾语。"受、进行"等这样的动词，意思都比较虚。它们的含义决定了要带动词性宾语，比如进行的只能是某个动作行为，受到的也只能是某个动作行为。

在3.1节讨论形容词的类转化时，用语是"形容词动态化"，在3.2节讨论动词的类转化时，用语却是"动词名词化"。形容词转化，是性质变化，是动态（由静到动）；而动词转化，则不是事物化，名词化只是动词获得了名词的某些特征。

可见，汉语实词类有不稳定性，可以转化。当然，这种转化是有条件的，不是随意的。之所以有这种现象，恐怕主要是由于汉语的词是"字形词"，它们没有"词尾"那样的限制，提供了类转化的可能性。

词类转化，让汉语语法显示出了一种别样的特色，能够灵活地采用适合的表达形式，实现表达的效果，方便而简单。

4. 词类重叠

这是指：单音节词、双音节词自身采取一次性重复，或双音节词中的两个字分别采取一次性重复，如此而形成的词的多种重叠形式。重叠形式内不能插入其他成分，形成一体。

词类的重叠形式虽来自"原词"（"原词"指形成重叠形式的词），但和原词比较，它们一般都出现了变化，主要是：意义、功能上的变化，有的变化很大，可以说已形成了较特别的另类。

词类重叠，是汉语语法里的一种较常见的表达形式，它使表达显得多样、巧妙、细腻且生动形象。词类重叠有三种情况：一种显示为明显的修辞色彩（见第五章第一节）；再一种主要显示为语义范畴的区别（如下边 4.1 和 4.2 节讨论的）；第三种是所谓的表示少量的动词重叠（如下边 4.3 节讨论的）。

词类重叠主要涉及四种词类：形容词重叠、动词重叠、量词重叠、时间词重叠，前两种在第五章第一节讨论。

4.1 量词重叠

量词几乎都可以重叠。如：

（24）朵朵葵花向太阳

（25）层层都住满了人

（26）个个都很有才华

（27）件件都是新的

上边是名量词重叠，下边是动量词重叠：

（28）顿顿都吃好的

（29）趟趟都拉得不少

量词重叠表示"每一"、毫无例外的意思，它已远离了量词的特点（量词的特点是：不能单用，要和数词组合，也不表示什么意思），可以单独使用，从语义和形式特征来看，它已形成了一个范畴类别。

4.2 时间词有和量词相同的重叠式

（30）争取分分秒秒（每一分每一秒）

（31）时时准备着

（32）天天都有好消息

(33) 月月都增产

(34) 年年是丰收

(35) 夜夜都做梦

"天天""月月"等也都是表示"每一"的意思。

4.3 关于动词重叠

《试论所谓"动词重叠"》(范芳莲,1964)对近代汉语和现代汉语"动词重叠"使用情况做了数字统计,仔细分析后,进一步明确了"动词重叠"并不是一般理解的"重叠"形式,而后一个"动"是量词性质的。这种分析应该是有道理的。试比较下边两组例句:

甲组:

(36) 再推下门(,看能不能开)

(37) 我推了下门

(38) 再推一下门(,看能不能开)

(39) 再推了一下门(,还是没开)

乙组:

(40) 再推推门(,看能不能开)

(41) 我再推了推门

(42) 再推一推门(,看能不能开)

(43) 再推了一推门(,还是没开)

可见,甲组里的"下"和乙组里的后一个"推"在形式上是相同的。其中的"了"[例(37)(39)和例(41)(43)]应该是词尾"了",是加在其前边动词的后边的,而其中的"一"应该是加在"下"［例（38）（39）］的后边和后一个"推"［例（42）（43）］的后边。这种特征只能说明乙组后边的一个"推"和甲组里的"下"语法功能是相同的，是量词性质的。再比较下边两组例句：

甲组：

（44）你等会儿我

（45）我等了会儿他

（46）我们等一会儿他

（47）我们等会儿他

乙组：

（48）你等一等我

（49）我等了等他

（50）我们等一等他

（51）我们等了一等他

这里的甲、乙两组的情况和前边讨论的甲、乙两组情况是一样的，乙组的后边一个"等"和甲组里的"会儿"功能相同，是量词性质。表示少量的"动词重叠"和表示少量的"动词+下/会儿"结构相同，是动词加量词。

5. 形容词程度等级

形容词类主要是显示事物的性质和状态的。它们又都处在程度有差别的状态中。有不同程度的差别是形容词的常态，这也是和其他实词类区别的重要特征方面。形容词类的程度差别主要是由副词类表示的，但也有其他形式。形容词程度等级表：

级 别	搭配词语	例 句 （以"胖"为例词）
最高级	最~ 非常~ ~极了	在我们这里，他最胖 他非常胖 他胖极了
最高级 （生动夸张）	那个…… 可……了 好…… ……得……	他那个胖啊，简直没法形容 他可胖啊 他好胖啊 他胖得走不动路了
高级	很~	他很胖
次高级	比较~	他比较胖
轻微级	有点~ 稍微……点儿	他有点胖 他稍微胖了点儿
笼统级 （可能指以 上各个等级）		他胖
适中级	不……不……	他不胖不瘦
否定级 （可能是适中， 也可能是"胖" 的反面：瘦）	不……	他不胖
变化级	~了 没~	他胖了 他没胖

6. 虚词

实词虽然是句的主要配件，但是还得有虚词配合、协助。

虚词虚而抽象。有时让人难以说清楚它的含义和作用究竟是什么，似乎挺多，又似乎不是。虚词分布也比较广。它和所搭配的词语或句子的意义、作用常常"搅"在一起，不太好区分，不太好掌握。

实际上虚词的基本情况也并不复杂。典型的虚词有三种：结构助词、语气助词、时态助词。语气助词在本章已讨论到，这里不谈。

6.1 结构助词（的、地、得）在句中是起着隔离、连接的作用，有螺丝钉的作用。没有它们句结构就可能"散架"，会不清楚或混淆。

"的"是隔离定语和名词中心语的。如：

（52）撑着的伞被风刮跑了

（53）这里是有钱人住的地方

（54）还了解了一些别的情况

这些句子里必须有"的"，如去掉"的"说成"撑着伞……""这里是有钱人住地方"就可能意思变了，或者不能成立。有时"的"显得可有可无，如：

（55）不少人提出了改进的意见（比较：……提出了改进意见）

（56）考试的成绩什么时候公布？（比较：考试成绩什么时候……）

有的定语后边还不能加"的"，如：

（57）我们是好朋友

定语"好"后不能加"的"。

从以上讨论可以看出，"的"的功能就是隔离（连接），让句子显得清楚；如不用它句子也清楚，就可以不用。

结构助词"地"用于状语和中心语动词或形容词之间，情况和

"的"的情况类似。

结构助词"得"用于谓语中心语和补语之间。先看下边的例句：

(58) 弟弟玩累了

(59) 气球逐渐变大了

例(58)(59)是单音节词"累""大"做补语。它们的前边也都可以加上"得"：

(60) 弟弟玩得累了

(61) 气球逐渐变得大了

不加"得"，显得紧凑，读着也顺溜，所以也就不加了。再比较下边的句子：

(62) 弟弟玩得太累了，都不愿意吃饭了

　　*弟弟玩太累了

(63) 气球变得越来越大

　　*气球变越来越大

(64) 天热得头发晕

　　*天热头发晕

例(62)至(64)中充当补语的词增多，变得复杂，所以要加"得"，不加"得"就不清楚，站不住。

观察会发现，定语和名词中心语之间、状语和动词中心语之间、动词中心语和补语之间，需要结构助词隔离。但是，有点奇怪的是，主语和谓语之间，动词中心语和宾语之间，都没有用什么结构助词。这也显示出了汉语语法的特点。因为主语和宾语都是名词

性的（常由名词或人称代词充当），名词性和动词性（中心语动词）之间的范畴关系（施事→动作→受事）比较清楚，比较单一，不需要什么虚词来"帮忙"。而"的、地、得"连接的成分则不同，不管是定语、状语还是补语，它们自身的组合都多样而复杂，它们和中心语之间，如果没有助词帮忙，那就会"乱套"。

6.2 时态助词

汉语语法的时态显示出综合性、多样性、灵活性。

我们经常提到的表时态（"时""体"）的助词主要有三个："了、着、过"。但是语言中的"时""态"是复杂的，只靠它们几个是不够的，需要靠其他成分（虚词）来配合表达。可以表"时""态"的（虚词）成分除了"了""着""过"外，还有：

句末助词"呢""了"；

虚化的趋向词"起来""开""下来""下去"等；

副词"正""在""已经""曾经"。

经常是这些成分以综合的方式，相互搭配，来显示多样的"时""态"状况。下边以"现在进行时"为例，来观察组合状况：

(65) 他们都吃呢

(66) 他们都吃着呢

(67) 他们在吃着呢

(68) 他们正吃着呢

(69) 他们正吃着（，从外边进来一个人）

(70) 他们正吃（，从外边进来一个人）

例（65）至（70）都表示现在正在进行，形式灵活多样。

时态助词有时也可被略去。比较：

（71）办完了事回家

办完事回家

（72）大家继续讨论着，没人想离开

大家继续讨论，没人想离开

（73）我曾经看见过他们在一起谈什么

我曾经看见他们在一起谈什么

例（71）至（73）中的时态助词"了""着""过"可以被略去，这是因为例（71）有补语"完"，例（72）前边有"继续"，例（73）前边有"曾经"，它们可做补偿。

可见，汉语表"时""态"的方式没有形成固定的系统，没有程式化。这样可以使表达简练些，更贴近语境的需要。

时态助词有时也不只是和紧邻的实词发生关系，如：

（74）她从来没有打扮得这么漂亮过

这里的"过"，不是只和"漂亮"发生关系，而是指向"没有"（可以变化为：她打扮得这么漂亮从来没有过）。再如：

（75）他走了半个小时小张才来

（76）他走了半个小时，才走到

这两句里的"了"都用在"走"的后边，但是"了"的指向是不同的。例（75）的"了"指向"走"（"走"的动作完成以后过了半小时，小张才来），例（76）的"了"是指向"走半小时"（"走"的动作延续了半小时以后，才走到）。

7. 实词虚化

前边我们谈到介词虚化的问题，在第三章第三节我们谈了趋向词等补语的虚化问题。助词"了"等也是虚化而来的。实词虚化这是语言发展"科学化"的一个重要环节。实的部分由实词来显示，虚的部分由虚词来显示，实虚相间，使句结构显得紧凑、协调、贴切、层次清楚。

不少虚化现象是围绕着中心语动词来显现的，这又可以看出句中心动词的"霸主"地位，它感化能力强，其他成分"屈服"于它而虚化，靠近它，为它服务。句，一般只能有一个大中心。

第二节　词类和句法

1. 词类和句法相结合

谈到句法分析时，一般想到的是如何确定句子成分，以及它们相互间的关系。实际上，这只是问题的一个方面。试设想一下，如果不引进词类的内容，我们能讨论些什么呢？只能说，句子有主语、宾语、谓语等若干句子成分，主语常位于前边，宾语常位于后边，谓语说明主语；还可以说，状语、定语、补语都是限制、修饰成分。除此外，还能说些什么呢？恐怕会犯难的。

若引进了词类的内容，情况就会很不一样，分析便能"活"起来，深入进去，丰富起来。比如我们可以给谓语再具体分类：

　　名词谓语（名词谓语句）

　　动词谓语（动词谓语句）

　　形容词谓语（形容词谓语句）

我们可以再给宾语分类：

名词宾语

动词宾语

形容词宾语

我们讨论宾语时，还为宾语分出工具宾语、目的宾语、结果宾语等类，但做具体分析时，也必须凭借词类类别，如工具宾语的特点是：充当它的名词可以加上介词"用"移位到前边［掩盖（上）稻草→用稻草掩盖］，目的宾语的特点是，充当它的名词有可能加上介词"为"移位到前边［请示分房问题→为分房问题请示（上级）］，结果宾语的特点是：前边动词的后边有可能加"成"［炸丸子→（把肉馅）炸成丸子］。

我们也可以再为主语分类：

名词主语（名词做主语）

代词主语

动词（或短语）主语

形容词（或短语）主语

数词（或数量短语）主语

当然，词类也不能单独在句子里起作用，它需要和句子成分结合起来。好像是句法搭了舞台并准备了戏装，常常是词类成员跳上舞台，穿上戏装，进行表演。有时，词类还直接跳上舞台进行表演，比如我们常说"动宾"如何，"动补"如何，而少说"述宾""述补"。这是因为，"述语"只能由动词充当，而不能是别的，于是便省去了穿"戏装"这一环节。

你看，分析句法，引进词类内容是多么重要。

句法建造的是一个结构框架,它反映出句的基本构造情况,它是概括的,抽象的。而词类内容却是实在的,名词有名词的实在内容,动词有动词的实在内容。所以词类内容和句法相结合,是自然的,也是必然的。只有这样,句才能既是概括的也是实在的,以发挥它的实际功能。因此我们常常要把二者结合起来观察、分析句。再如在第三章第一节我们主要依据句法差异状况给动词分出15种类。动词的分类显示了句的特征,句的分类又显示了动词的分类,二者是相互显示的,也是相结合的。

个别的词聚合而成为类(词类),词类又进入句,"协助"句成分发挥作用,从小(个体)到大(句),形成了话语。

2. 一致性成分和非一致性成分

2.1 汉语的各个实词类,都具有各自的组合和变化形式。各实词类都可以进入多种句法位置,充当句成分。当同一个实词类进入不同的句法位置时,它们的组合和变化形式的显示,是不相同的,有的在句法位置上显示出的组合和变化形式与相应的词类(未进入句法位置)的组合和变化形式是一致的,有的则不一致。一致的句成分是一致性成分,不一致的句成分是非一致性成分。后一类成分进入句法位置后,原来的某些组合和变化形式会受到限制。

2.2 举例

2.2.1 一般动词类

一般动词类主要有以下的组合和变化形式:

a. 可以加时态成分

b. 可以有"×不×?"形式

c. 可以加否定词

d. 可以有重叠形式

e. 可以加动量、时量成分

f. 可以加修饰语

g. 可以带宾语

A. 当一般动词进入一般动词句型的谓语位置充当谓语时，以上七条组合和变化形式都保留着（比如"我喝"中的"喝"，具有以上七条组合和变化形式）。就是说，一般动词句型的谓语的组合和变化形式跟相应的动词类的组合和变化形式是一致的。因此，这样的句成分，应属于一致性成分。

B. 当一般动词进入一般动词句型的宾语位置时，以上七项组合和变化形式则受到很大的限制。例如：

我负责解释

我负责向他们解释这件事情

我们学习在黑板上画画

他们拒绝了和我们讨论这件事情

你那位令嫂就懂得弄钱（曹禺）

这里做宾语的动词短语本身只可以带宾语和修饰语。就是说，宾语位置上的这类动词短语，只具备上边的 f 和 g 形式，而不具备其他五项形式。因此，这样的句成分（宾语），应属于非一致性成分。

2.2.2　一般形容词类

一般形容词有以下的组合和变化形式：

a. 可以有"×不×?"形式

b. 可以加否定词

c. 可以有重叠形式

d. 可以有前加修饰语

e. 可以有后加修饰语（高极了）

A. 当一般形容词进入一般形容词句型的谓语位置充当谓语时，以上五项组合和变化形式都保留着。就是说，一般形容词句型谓语的组合和变化形式跟相应的形容词类的组合和变化形式是一致的。因此，这样的句成分，应属于一致性成分。

B. 当一般形容词进入定语位置时，它们的组合和变化形式则受到限制。例如：

不太/不那么高的个子

高高的个子

挺高的个子

这里的形容词短语只具备上边的 b、c、d 三项组合和变化形式，而不具备 a、e 两项形式。因此，这样的句成分，应属于非一致性成分。

C. 当一般形容词进入状语位置时，它们的组合和变化形式也会受到限制。例如：

慢慢地走过去

很慢地走过去

这里的形容词短语只具备上边的 c、d 两项组合和变化形式，而不具备 a、b、e 三项形式。因此，这样的句成分，也是非一致性成分。

2.2.3 一般名词类

一般名词的组合形式是：

前边可以加各种定语。

A. 当一般名词进入句子充当主语和宾语时，可以加各种定语，应该是一致性成分。

B. 当一般名词进入定语位置时，基本上也是一致性成分。

C. 当一般名词进入谓语时，受到很大限制。如：

这孩子大眼睛，黑头发

必须带"大""黑"做定语。因此，这是强逆向非自由形式。

2.3 一致性成分往往是自由成分，而非一致性成分则一定是非自由（受限制）成分。

3. 常在位置和少在位置

常在位置是指：实词类在句子中经常进入的句法位置，是其起主要作用的位置。

少在位置是指：实词类在句子中不经常（或很少）进入的句法位置，不是其起主要作用的位置。

当不同的实词类词进入不同的句法位置时，如果显示的是一致性成分，那么这个句法位置便是该词类的常在位置，反之，如果显示的是非一致性成分，那么这个句法位置便是该词类的少在位置。

比如动词的常在位置是谓语，宾语是少在位置，状语、主语是"少少在位置"。形容词的常在位置是谓语，定语、状语是少在位置，主语、宾语是"少少在位置"。名词的常在位置是主语、宾语、定语，状语、谓语是"少少在位置"。

4. 一致性谓语和非一致性谓语

4.1 上边讨论了某一实词类在不同句法位置上的一致性和非一致性问题。实际上，在同一句法位置上，由于不同句型的句法结构的制约，句成分的组合和变化形式跟相应的某一词类的组合和变化形式也会有一致性和非一致性问题。这里的讨论以动词谓语为例，一致的是一致性谓语，不一致的是非一致性谓语。

4.2 一致性谓语举例

一般动词句型，其谓语是一致性谓语，因为"喝""买"等一般动词，作为动词的一个类，其组合和变化形式跟它们在谓语位置上充当谓语时的组合和变化形式是一致的。

非自主句型，其谓语也是一致性谓语。因为进入这种句型的动词"醉""醒""晕"等，作为动词的一个类，其组合和变化形式跟它们在谓语位置上充当谓语时的组合和变化形式也是一致的。

4.3 非一致性谓语举例

在后文的数量语对应句型中，其谓语是非一致性谓语。因为充当该句型谓语的动词"拉""分""盖"等，属于一般动词类，类的组合和变化形式相同，就是说，也有前边所列的一般动词类的七项组合和变化形式。但是当"拉""分"等动词充当数量语对应句型的谓语时，这样谓语的组合和变化形式则受到限制，原来类的组合和变化形式有三项（"×不×？"形式、加否定词、重叠形式）受到限制，不能成立。可见数量语对应句型谓语的组合和变化形式跟相应的动词类的组合和变化形式是不一致的。因此，数量语对应句型的谓语应属于非一致性谓语。

"被"句型的谓语也是非一致性谓语。因为充当该句型谓语的"打""咬""扔""撕"等也是一般动词，也有一般动词类的七项组合和变化形式。但是当"打""咬"等动词充当"被"句型的谓语时，这样谓语的组合和变化形式则受到限制，原来类的组合和变化形式有三项（"×不×?"形式、加否定词、重叠形式）受到限制，不能成立。可见"被"句型的谓语的组合和变化形式跟相应的动词类的组合和变化形式是不一致的。因此，"被"句型的谓语，也应属于非一致性谓语。

第三章 动词及连带成分

第一节 说动词

1. 动词研究是词类中最重要的课题,占有十分显要的位置。

动词的内容最丰富,也最为复杂。我们列出专章来讨论动词,后边在第二、第三等各节还将继续讨论和动词相关的问题。

动词占了句的中心语地位,它制约着句格局,它的分次类也形成了句的各次类。动词问题解决得好些,讨论得清楚些,对建立完善的语法体系至关重要。我们需要顺着动词问题的研究、解决,来理顺我们思考语法的脉络。

在第二章第一节我们曾讨论了依据汉语的特点,研究词类问题需要和句法研究结合起来,二者常常是同步进行的。研究动词,当然也是这样。研究动词的主要方向需要和研究句的总格局相结合,需要与动词和其他句成分的关系的研究相结合,比如和宾语、补语等的关系(特别是和宾语的关系),这样,才能把研究深入下去,挖掘特点,认识动词。

这样的研究当然会有难度,因为同时要研究句法。但是,这却是研究汉语词类问题的主要必由之路。当然,这样的研究还是站在词类问题的角度,能说清楚相关的词类问题即可。

这之外,研究动词还有什么较为具体的重要的方法原则呢?

对具有系统形态变化的语言来说，研究动词，循着系统的形态标志来思考，来分析，便会得出一个顺畅的系统脉络。但是，汉语是非形态语言，不能像形态语言那样。那么，我们如何走我们的路呢？用什么方法来分析呢？怎么能使我们深入地、合理地、清晰地来观察、分析问题呢？

在第一章我们曾强调分类方法在汉语语法分析中的重要性。这样的分析方法当然也适用于动词研究，而且显得尤为重要。我们将主要依据分类的原则方法来研究动词，来理顺动词的特征脉络。

2. 主级动词类和次级动词类

我们首先把动词分为主级动词类和次级动词类。主级动词类是第一位的、最重要的动词分类。它是研究句的总格局得来的，同时它又左右着句的总格局。主级动词的各类别，都有可能构成特征互相区别的不同的句子类型（句类、句型类）。

次级动词类是指主级动词类以外的动词分类，常带有局部性。比如动词和宾语选择搭配中分出来的动词次类别（见第二节），在讨论动量补语和动词选择搭配时分出的"重复动词"和"非重复动词"，在讨论时量补语和动词的选择搭配时分出的"长持续动词"和"短持续动词"，这些分类属于次级动词分类。

3. 主级动词类（共15种）

3.1 复指动词

凡动词，它所显示的动作行为要求和两个或两个以上的参与者（或相关者）发生关系，而不和单一的参与者发生关系，这样的动词为复指动词。试看下边的例子：

(1) 敌对的两支部队交火了

(2) 我们已共事十年

(3) 她们相处得很好

(4) 他们又吵起来了

"交火、共事、相处、吵"等便是复指动词。

"敌对的两支部队、我们、她们、他们"等是动作行为的参与者（主语），它们都指复数（两个或两个以上的个体）。如参与者（主语）指单数（单一的个体），句子便不能成立。

从构词来看，复指动词大多是双音节的，常含有"相、互、交、结、接、联、通、同、共、并、会、合、集、争、斗、分、别、均、对、商、轮"等词素，这些词素的内涵也就决定了复指动词的复指性质。

3.2 非自主动词

凡动词，它所显示的动作、行为变化是人的主观意志所无法控制的，只是客观地表示动作、行为或变化，这样的动词为非自主动词。比较下边两组句子：

甲组：

(5) 他醉了

(6) 我跌了一跤

(7) 火灭了

乙组：

(8) 我跑

(9) 我玩

(10) 我去天津

甲组句子里的"醉、跌、灭"所表示的动作行为是人的主观意志无法控制的,不管人的主观上是愿意还是不愿意,它都会按着一定的条件自然地发生;而乙组句子里的"跑、玩、去"所表示的动作行为,则是人的主观意志能够控制的,愿意这样做就这样做,不愿意这样做就不这样做。"醉、跌、灭"等是非自主动词,相对的"跑、玩、去"等是自主动词。下边是一些非自主动词的例子:

醒:他~了　　　　　　疯:他~了半年了

死:小猫~了　　　　　咳嗽:他~了一阵儿

碰:我不小心~了他了　聋:他~了

倒:房子~了　　　　　开:桃花~了

刮:风~起来了

非自主动词一般属于受限制动词(见第四章第五节)。在表"时""体"上有限制,如:

*他在醒

*他醒

*他醒起来

大多数非自主动词用"×没×"形式提问,而一般不用"×不×"形式。如:

(11) 他醒没醒?(*他醒不醒?)

有不少非自主动词有一个明显的特点:句中的名词语可以在其前后移位,而不会影响基本意思,如:

(12) 没想到的事情发生了→发生了没想到的事情

(13) 下起雨来了→雨下起来了

3.3 "糊"类动词

"糊"类动词可以带受事宾语和工具宾语。如：

糊：~窗户（受事宾语）　　顶：~门（受事宾语）
　　~纸（工具宾语）　　　　~杠子（工具宾语）
浇：~花儿（受事宾语）　　捆：~书（受事宾语）
　　~水（工具宾语）　　　　~绳子（工具宾语）

"糊"类动词的突出特点是：可以构成双主语句。如（"名$_{受事}$"指表受事的成分，"名$_{工具}$"指表工具的成分）：

甲种：

(14) 纸我糊了窗户了

(15) 水我浇了花儿了

(16) 杠子我顶了门了

句中有两个主语，比如例（14）里的"纸"和"我"。在这一种句式里，名$_{工具}$位于句首，名$_{受事}$位于谓语动词的后边。

乙种：

(17) 窗户我糊了纸了

(18) 花儿我浇了水了

(19) 门我顶了杠子了

句中也有两个主语，比如例（17）的"窗户"和"我"。在这一种句式里，名$_{受事}$位于句首，名$_{工具}$位于谓语动词的后边。"糊"类动词可以构成如下两种"把"字句和两种"被"字句（分别各举一例）：

丙种：

（20）我把纸糊了窗户了

其中名$_{工具}$位于"把"的后边，名$_{受事}$位于谓语动词的后边。

丁种：

（21）我把窗户糊了纸了

在这一种"把"字句里，名$_{受事}$位于"把"的后边，名$_{工具}$位于谓语动词的后边。

戊种：

（22）纸被我糊了窗户了

在这一种"被"字句里，名$_{工具}$位于"被"的前边，名$_{受事}$位于谓语动词的后边。

己种：

（23）窗户被我糊了纸了

在这一种"被"字句里，名$_{受事}$位于"被"的前边，名$_{工具}$位于谓语动词的后边。和一般动词相比较，一般动词只能构成一种"把"字句和"被"字句。

"糊"类动词是可以列举的，另如：捆、盖、锁、垫、裹、抹、绕。

3.4 "揉"类动词

"揉"类动词可以带受事宾语和结果宾语。如：

揉：~面（受事宾语）　　　堆：~雪（受事宾语）

　　~馒头（结果宾语）　　　~雪人（结果宾语）

擦：~萝卜（受事宾语）　　炒：~肉（受事宾语）

～萝卜丝（结果宾语）　　　～鱼香肉丝（结果宾语）

"揉"类动词的特点主要也是可以构成双主语句。如：

甲种：

（24）面我揉了馒头了

（25）萝卜我擦了萝卜丝了

句中有两个主语，比如例（24）里的"面"和"我"。在这一句式里，名_{受事}位于句首，名_{结果}位于谓语动词的后边。"揉"类动词也可以形成以下较特别的"把"字句和"被"字句：

乙种：

（26）我把面揉了馒头了

（27）我把萝卜擦了萝卜丝了

在这一种"把"字句里，名_{受事}位于"把"的后边，名_{结果}位于谓语动词的后边。

丙种：

（28）面被我揉了馒头了

（29）萝卜被我擦了萝卜丝了

在这一种"被"字句里，名_{受事}位于"被"的前边，名_{结果}位于谓语动词的后边。"揉"类动词和"糊"类动词有相似之处，但是前者所能构成的句式数量要少，可比较。

"揉"类动词也是可以列举的，另如：摊、切、铡、裁、弹、剪。

3.5　形式动词

形式动词是指本身不具有实在意义而只能以动词名词化形式为

97

宾语的动词。形式动词主要有三个：进行、加以、做。

3.5.1 进行。如：

（30）对这些问题我们进行了认真讨论

（31）我们进行了三个月的考察，才弄清了这里的情况

（32）领导将进行研究

形式动词"进行"构成的句子可以有相对应的一般动词句，从对它们的比较中可以看出"进行"的造句特点。如：

我们认真地讨论了这些问题：对这些问题我们进行了认真的讨论

3.5.2 加以。如：

（33）对这些不正当行为我们必须加以坚决的反对

（34）对青年人所取得的成绩要加以肯定

上边两例都是由形式动词"加以"构成的句子。句中的"（坚决的）反对""肯定"等都是动词名词化形式，充当"加以"的宾语。"加以"构成的句型的特点和"进行"基本相同，也有相对应的一般动词句，比较：

我们必须坚决反对这些不正当行为：对这些不正当行为我们必须加以坚决的反对

3.5.3 做。如：

（35）对他们已做了严肃处理

（36）对这些出土文物的年代我们做过长时间的考证

形式动词"做"的组合变化以及造句特点和形式动词"进行"的基本相同，但是"做"的造句范围要小一些。比较：

(37) 他们正在进行认真的谈判

　　*他们正在做认真的谈判

3.6 "遭"类动词

"遭"类动词包括"遭、挨、受",另外还有"中、淋、晒"。

"遭、挨、受"的功能是只能构成被动句。

(38) 那个地区遭了虫灾

(39) 沿海一带遭到了台风的袭击

(40) 他挨了别人的打了

(41) 他挨了我一拳头

(42) 他受了很大的冤枉

"遭、挨、受"所带的宾语多是动词名词化形式。

下边是动词"中、淋、晒"构成的句子:

(43) 他中了弹了

(44) 我们淋了雨了

(45) 老头儿晒太阳

"中、淋、晒"构成的句子也是被动的,它们的施、受语义关系指向基本上和"遭、挨、受"的是一致的。例(43)至(45)的语义关系指向如下:

　　他←中←弹

　　我们←淋←雨

　　老头儿←晒←太阳

3.7 "包括"类动词

这一小类包括"包括、包含、包藏、容纳"等几个动词,它们含有共同的包含义。如：

(46) 所提到的人里还包括小王和小李

(47) 包括我本人，都不同意你们的说法

(48) 他的话里边包含着很深的意思

(49) 这里边包藏着不少秘密

(50) 这个会堂可以容纳五百人

"包括"类动词的主要特点表现在造句功能上，它们一般只能造成"名处所＋动＋名"句式。

3.8 心理活动动词

心理活动动词是指表示喜爱、怨恨、感觉、认知等和心理活动密切相关的动词，如：

表示喜爱等愉快义的：

热爱：我～生活　　　喜欢：我～这里

佩服：我很～你　　　同情：我～你

心疼：我～孩子

表示怨恨等不愉快义的：

恨：我～你　　　　　怪：他们都～我

嫌：谁都～我　　　　怨：大家都～你

后悔：我～来这个地方

表示感觉的：

感觉：我～不舒服　　觉得：我～有点头疼

表示认知的：

认识：我～你　　　　以为：我～他已经走了

了解：我~他的为人　　　知道：我~这件事情

心理活动动词的一个突出特点是在表"时"上。比较：

我爱你　　　　　　　　我打你

我讨厌你们　　　　　　我帮助你们

我认识你　　　　　　　我们选举你

我觉得这地方挺好　　　我买羽绒服

左栏各例中的"爱、讨厌、认识、觉得"等是心理活动动词，右栏各例中的"打、帮助、选举、买"等是一般动作行为动词，它们在例句中都是零形式。比较可见，左栏各例都是表示已经成为事实的事情（对说话的此刻来说），而右栏各例则都是表示尚未成为事实而将要发生的事情。这说明，心理活动动词总是和过去的时间相联系着，而一般动词的零形式则是和将来的时间联系着，它们有明显的不同。

心理活动动词的语法特征是和它的语义性质相关的。心理活动动词是表示某种较长久的（有的是永恒的）感情、感觉或认知上的态度的，它只是客观地对这些方面做出反映和判断。这种情况和形容词的语义性质相类似［比较"她很喜欢（你）"和"她很漂亮"］。

由于心理活动动词是对已成为事实的感情等的反映，因而从表"时"来看，它总是属于过去的，但是它往往又总是要延续到将来的。

3.9　状态动词

凡动词，它不是显示某种动作行为，而是显示某种静止的、持续的状态，这样的动词为状态动词。如：

（51）灯笼在那儿挂着（呢）（灯笼在那儿挂了好半天了）

（52）菜在桌子上摆着（呢）

（53）画儿在墙上贴过

（54）他在床上躺着（呢）

这里的"挂（着）、摆（着）、贴（过）、躺（着）"都是状态动词，都表示一种静止的、持续的状态。

（55）他正挂灯笼呢（挂了半天也没挂好）

（56）他正摆菜呢

（57）他正贴画呢

（58）他正往下躺呢

这里的"挂、摆、贴"等则是动作动词，它们都是表示正在进行着的动作行为。

比较上边两组例句可见，状态动词是静态的（加上数量补语或"过"，也是这样），而动作动词则是动态的。

3.10 关系动词

关系动词和其他动词类不同，它不表示动作、行为、活动或具体状态，而只是在句法平面上表示某种关系，语义上一般都比较抽象。关系动词属受限制动词（非自由动词），组合变化上限制都较多。下边分项讨论各种关系动词。

3.10.1 判断关系动词"是"。如：

（59）他们都是演员

（60）我是去上海，不是去广州

（61）今天的天气是热

"是"的基本意思是表示肯定的判断。"是"一般没有表"时"形式，也没有表"体"形式。"是"有"×不×"提问形式，而没有"×没×"提问形式。如：

（62）他们是不是演员？（*他们是没是演员？）

"是"的否定形式是加"不"，而不能加"没"。如：

（63）他不是北京人

　　*他没是北京人

3.10.2　表存在的关系动词

A. 有。如：

（64）我有《现代汉语词典》

（65）桌子上有几本书

（66）这座楼有十六层

"有"的基本意思是表示客观存在。"有"可以表示现在（如以上各例）、过去、将来，如：

（67）我有过这种衣服

（68）这些我们已经全有了

（69）这一切我们都会有的

和判断关系动词"是"相反，"有"可以有"×没×"提问形式，而不能有"×不×"提问形式。否定式用"没"，而不能用"不"。

B. 在。如：

（70）他现在在上海

（71）大衣在衣橱里

（72）昨天我一直在家里

关系动词"在"表示（人或物）位置上的存在。"在"一般没有表"时""体"的形式。"在"多用"×不×"提问形式，也可以用"×没×"提问形式，如：

（73）他在不在家？

他在没在家？

但是意思都是一样的，都是询问客观事物是否存在（试和"你吃不吃？""你吃没吃？"比较）。

"在"的否定形式用"不"，也可以用"没"，如：

（74）他不在厂里

他没在厂里

"不在"和"没在"的意思也是一样的，都是对客观事物存在的否定（试和"我不吃""我没吃"比较）。

C. 存在。如：

（75）他的身上存在不少缺点

（76）他（的脑子里）存在着不少糊涂想法

（77）我们之间存在着不少误解

关系动词"存在"只构成"处所+动+名"存在句式。

3.10.3　表称姓、称名的关系动词。主要有两个：姓、叫。如：

（78）我姓张

（79）他叫李向阳

"姓、叫"一般不用表"时""体"的形式。但是有时可以说"我姓过这个姓","我叫过这个名字"(过去时)。

3.10.4 表等同的关系动词。主要有:等于、像。如:

(80) 三加五等于八

(81) 说了等于没说

(82) 他像他妈妈

"等于"没有表"时""体"的形式。"像"一般也没有表"时"形式,但是有时可以说"他小时像他妈妈"(过去时)。"等于、像"只用"×不×"形式提问。

3.11 趋向动词

趋向动词是表示从远到近、从近到远、从低到高、从高到低、从里到外、从外到里等的运动动词。如:

来:他~北京　　　　　进:他~了北屋

去:我~上海　　　　　出:我~了西屋

上:他~房顶了　　　　回:他~自己的家了

下:~了西楼又上东楼　过:我们~了大桥

趋向动词主要就是上边所列的几个,它们经常带处所宾语。趋向动词"上、下、进、出、回、过"等经常和"来、去"分别结合,如:上来、上去、下来、下去、进来、进去、回来、回去、过来、过去。

一般都把这种组合分析为"复合趋向动词",这还值得再研究,试比较下边两组例子:

甲组：

(83) 你上来

你上不来（你上得来）

你上房顶来

(84) 你上去

你上不去（你上得去）

你上房顶去

(85) 你进来

你进不来（你进得来）

你进屋子来

(86) 你过去

你过不去（你过得去）

你过大桥去

乙组：

(87) 你拿来

你拿不来（你拿得来）

你拿面包来

(88) 你拿去

你拿不去（你拿得去）

你拿面包去

甲组例子里的"上来、上去"等是所谓的"复合趋向动词"，乙组里的"拿来、拿去"则是一般的动词"拿"加上趋向动词"来、去"，一般称为"动趋组合"或"动趋式"。

比较甲组和乙组例子可见，甲组的"上来、上去"和乙组的

"拿来、拿去"之间都可以加上表可能的"不"或"得"以及宾语，因而它们的组合性质应该是相同的。如果把"拿来、拿去"分析为"动趋组合"，那么"上来、上去"等也应该分析为"动趋组合"，只是后者里的"动"是趋向动词。但是，"上来、下去、起来"等经常做动词的补语，而且虚化的倾向明显，也显示出"体"的作用。所以它们做补语的情况和做谓语不同，应视为趋向于成为单一形式。

3.12 内动词和外动词

凡动词，它所显示的动作行为不涉及、不延续于某种物体、现象或处所，结构上不能带宾语，这样的动词为内动词。凡动词，它所显示的动作行为需要涉及、延续于某种物体、现象或处所，结构上可以带宾语，这样的动词为外动词。内动词如：

休养：在那儿～过　　休息：～了三天
挣扎：他们拼命～　　奋斗：孜孜不倦地～着
前进：队伍在不断～　活动：研究会每月～一次
斡旋：我一定从中～　叫：鸡～
生活：我们在这里～过　鸣：鸟～
斗争：为胜利而～

外动词的数量是比较大的。大多数外动词的宾语可以出现也可以不出现，不出现时可以加上。外动词中有一部分必须带宾语。如：

尽：～应尽的职责　　成：～了大家学习的榜样
关：不～你的事　　　交：～了好运

107

奔：~操场了 比：球场上现在几~几

抱：要~正确态度 顶：一个~两个

迷：~了方向 充：用次货~好货

费：~了好大力气 引得：~大家直笑

具有：~很大的感染力 成为：~一个有知识的人

顾全：应该~大局 贯穿：京广线~好几个省

近乎：~无理取闹 合乎：~自己的意愿

招致：~了意外的损失

有的词兼属内动词、外动词，两类词的词义基本相同。如：

联合：（内动）你们双方要~起来。（外动）你们要~对方

团结：（内动）咱们要~起来。（外动）我们要~对方

配合：（内动）你们要很好地~。（外动）你要认真~他

串通：（内动）他们俩~起来了。（外动）老张~了老李

遇：（内动）我们在上海又~上了。（外动）我在上海又~上他了

碰：（内动）我们俩~了一下。（外动）我~了他一下

上边列的"联合、团结、配合"等动词都是复指动词（见本章3.1），它们要求和多个个体发生关系。当和这种动词发生关系的多个个体作为一个整体、在句中用一个短语（或复指代词）表示时，这种动词呈现为内动词，如上边"内动"项下所列举的各例；当和这种动词发生关系的多个个体不是作为一个整体，而是分为主动者和被动者两个部分，在句中用两个短语或代词指代时，这种动词呈现为外动词，如上边"外动"项下所列举的各例。再如：

睁：（内动）他的眼睛~了一下。（外动）他~了一下眼睛

张：(内动）他的嘴巴~了张。　（外动）他~了张嘴巴

回：(内动）他的头~了一下。　（外动）他~了一下头

点：(内动）他的头~了几下。　（外动）他~了几下头

举：(内动）他的手~了一下　　（外动）他~了一下手

扭：(内动）他的腰~了几扭　　（外动）他~了几扭腰

蜷：(内动）你的腿~起来。　　（外动）你~起腿来

上边的"睁、张、回"等动词表示身体某部分的动作行为。当指身体某部分的名词位于动词的前边做中心语（指主体的代词或名词做领属定语）时，句子中的动词是内动词，它的后边不能另有宾语；当指身体某部分的名词位于动词的后边时，它是宾语，句中的动词是外动词。

3.13　助动词

助动词是表示意愿、可能、必要等的动词，在句法构造中经常位于另一个动词短语的前边，形成一种较为特别的句法关系。

一般来说，助动词没有表"时""体"的形式。

除了"要、得（dé）、得以"等少数几个外，绝大多数助动词都可以用"×不×"提问，但是一般没有"×没×"提问形式。

除了"可以、得以、得（děi）"等少数几个外，绝大多数助动词都可以有加"不"的否定式。可以有加"没"否定式的，只有"敢、打算、能"等几个。

除了"要、得（dé）、得以"等少数几个外，绝大多数助动词都可以单用（单独回答问题）。

值得注意的是，大多数助动词［除"要、打算、得（dé）、得

以、得（děi）"等几个外]在问句中可以向句末或句首移动，如：

（89）你愿意跟我一块去吗？→跟我一块去你愿意吗？

（90）你敢不敢去叫他来？→你去叫他来，敢不敢？

（91）我可以离开这里吗？→我离开这里，可以吗？

（92）他可能不可能已经回家了？→可能不可能他已经回家了？

（93）我们应该不应该也去一下？→应该不应该我们也去一下？

吕叔湘先生（1979）曾把句中的助动词分析为"高一级的谓语"。根据以上的讨论，吕叔湘先生的这一分析还是可以考虑的。按照这样的分析，在助动词句里，助动词是"高一级的谓语"，而其后的动词短语则可看作是"一般"谓语。"高一级谓语"是和整个句子发生关系的。

助动词的句法功能可以概括如下：充当"高一级谓语"，就所叙述的事件在意愿、可能、必要等方面做出判断：或肯定，或否定，或用"×不×"疑问形式。

3.14 离合动词

离合动词主要是就某些双音节动词而言的。有一部分双音节动词（多是动宾格），它们具有词的特点，但是同时又可以有某种分离形式（扩展形式）。如：

小心：a. 小心着点儿/小心火车。b. 小着点儿心/小什么心

担心：a. 我担心了半天/担心爷爷的病。b. 我担了半天心/我也担过心

冒险：a. 冒险过/我又冒险了一次。b. 冒过险/又冒了一次险

游泳：a. 曾经在这儿游泳过。b. 游起泳来可带劲了/游了几次泳

上边所列动词，从各 a 项举例来看，它们都具有概括的单一的词义，从结构形式来看，它们后边有可能带上"了、着、过"，带动量补语或时量补语，带宾语，这些都显示出它们是一个词。但是，从各 b 项举例来看，它们又可以有一定的分离形式（扩展形式），中间有可能加入"了、着、过"，加入各种补语，加入"非真正定语"，加入表反问的"什么"，等等，这又类似短语（词组）的特点。

4. 动词具有表"时""体"（态、状态）系统。

表"时"系统如：

（94）我在写呢

（95）我写过（散文）

（96）我（要）写

（97）他已经在写了

（98）昨天他来的时候，我在写（信）呢

（99）昨天他来的时候，我已经走了

（100）昨天晚上十点钟，我刚要睡，老王来了

（101）爸爸回来的时候，我们已经在吃（饭）了

（102）明天你来的时候，我们大概在打扫（房子）呢

（103）明天你来的时候，我大概已经走了

(104) 明天你来的时候，我们大概已经在玩了

上边的例子体现了汉语动词的"时"系统。例（94）的动词"写"附加有"呢"和"在"，呈现为现在进行时，例（95）的动词"写"附加有"过"，呈现为过去时，例（96）的"写"是动词零形式或前边加"要"，呈现为将来时，例（97）的"写"附加"了"和"已经、在"，呈现为过去现在进行时；例（98）至例（104）句中分别含有"昨天他来的时候"和"明天你来的时候"等，它们在表"时"上起着相对时点的作用，因而例（98）的动词"写"呈现为过去进行时，例（99）的动词"走"呈现为过去过去时，例（100）的动词"睡"呈现为过去将来时，例（101）的动词"吃"呈现为过去过去进行时，例（102）的动词"打扫"呈现为将来进行时，例（103）的动词"走"呈现为将来过去时，例（104）的动词"玩"呈现为将来过去进行时。

表"体"系统如：

(105) 咱们玩起来

(106) 他唱着（跑了过去）

(107) 他躺着，我站着

(108) 这些礼节就这样一代一代传下来

(109) 这些礼节还将一代一代传下去

(110) 买了橘子（再买香蕉）

(111) 戴上帽子（再出去）

(112) 我是北方人，吃馒头

上边的例子体现了动词的"体"系统。例（105）的动词

"玩"附加有"起来",呈现为开始继续体,例(106)的动词"唱"和例(107)的动词"躺、站"附加有"着",呈现为持续体,例(108)的动词"传"附加有"下来",呈现为过去延续体,例(109)的动词"传"附加有"下去",呈现为将来继续体,例(110)的动词"买"和例(111)的动词"戴"分别附加有"了"和"上",呈现为完成体,例(112)的动词"吃"是零形式,呈现为惯常体。

汉语语法的"时"和"体"具有综合性和灵活性,未形成程式。

5. 单音节动词和双音节动词

汉语动词从构词上可以分为单音节和双音节的。单音节动词和双音节动词在语法特征和语义色彩上都有诸多不同之处。

单音节动词一般是具体动词,是日常常用动词,常用于口语。从变化和组合来看,单音节动词大都比较自由。双音节动词一般是抽象动词,常用于书面或比较严肃的场合。

由于单音节动词和双音节动词在具体性和抽象性上的区别,再加上汉语语词组合上要求成双成对的趋向,这样便形成了单音节动词和双音节动词在和其他词语组合上的种种区别,下边分别讨论。

5.1 单音节动词趋向于和表具体义的名词语相结合,双音节动词则倾向于和表抽象义的名词语相结合。试比较:

埋:埋了亲人/埋了死猫/*埋了旧社会

埋葬:埋葬了亲人/*埋葬了死猫/埋葬了旧社会

找:找钢笔/*找丢失了的爱情

寻找：寻找钢笔/寻找丢失了的爱情

嚼：嚼糖/嚼食物/*嚼着其中的滋味

咀嚼：咀嚼糖/咀嚼食物/咀嚼着其中的滋味

缺：缺椅子/缺木材/*缺坚强意志

缺乏：*缺乏椅子/缺乏木材/缺乏坚强意志

上边成对的都是同义的单音节动词和双音节动词，它们分别都带有宾语。比较可见，单音节动词的宾语往往要求是表具体意义的名词语，而排斥表抽象意义的名词语，比如"埋死猫"可以成立，"埋旧社会"则不能成立；相反，双音节动词的宾语则往往要求是表抽象意义的名词语，而排斥表具体意义的名词语，比如"埋葬旧社会"可以成立，"埋葬死猫"则不能成立。

5.2 双音节动词跟名词语组合时在"指大"和"指小"上有时有所选择。有些双音节动词只和"指大"的名词语相组合，而排斥和"指小"的名词语相组合。单音节动词则一般没有这方面的限制。比较下边成对的同义词的组合情况：

买：买了十吨糖/买了一块糖

购买：购买了十吨糖/*购买了一块糖

印：印了十万册课本/只印了两份

印刷：印刷了十万册课本/*只印刷了两份

带：带着几十万现钞/带了两块钱

携带：携带着几十万现钞/*携带了两块钱

5.3 双音节动词倾向于和双音节名词宾语相组合，单音节动词有时则趋向于和单音节名词宾语相组合。比较下边成对的同义词的组合情况：

种：种花/种草/种蒜/种花草

种植：*种植花/*种植草/*种植蒜/种植花草

选：选种/选课/选树种/选课程

选择：*选择种/*选择课/选择树种/选择课程

浇：浇菜/浇菜地/浇花木

浇灌：?浇灌菜/?浇灌菜地/浇灌花木

救：救命/*救生命

挽救：*挽救命/挽救生命

治：治病/*治疾病

医治：*医治病/医治疾病

5.4 汉语的词和词的组合音节上追求成双成对的节奏感，这样，双音节动词往往倾向于和其他双音节词语相组合，单音节动词有时也趋向于和其他单音节词相组合。上边举的都是单音节动词、双音节动词分别带宾语的情况，下边再举些其他方面的：

裁：*善于裁

裁剪：善于裁剪

跳：*跳前进（跳着前进）

跳跃：跳跃前进

叫：*叫不停（叫个不停）

叫喊：叫喊不停

败：*败多次（败了多次）

失败：失败多次

上边第一组是单音节动词"裁"和双音节动词"裁剪"分别做宾语，第二组是单音节动词"跳"和双音节动词"跳跃"分别做状语，第五、第六组是单音节动词"叫、败"分别做谓语，比较可见，它们和其他词语组合要求是四个字的。

5.5　单音节动词和双音节动词有时也显示在内动和外动的区别上。同义的单音节动词和双音节动词，前者有时倾向于带宾语（外动），后者则倾向于不带宾语（内动）。比较：

考：考学生／考听写／考大学

考试：*考试学生／*考试听写／*考试大学

玩：玩水／玩捉迷藏

玩耍：*玩耍水／*玩耍捉迷藏

完：已经完了事了

完毕：*已经完毕了事了

猜：猜谜语／你猜他现在在干什么？

猜测：*猜测谜语／*你猜测他现在在干什么？

上边我们为动词分出了若干次类。第 3 小节是主级动词类，后边讨论的是非主级（次级）动词类，前者主要是依据句的总格局分的类；后者主要是依据词的"色彩"在句法上的不同选择特征分的类，在其他各章还会为动词分出其他的非主级次类，比如我们分出重复动词和非重复动词次类，持续动词和非持续动词次类。

上边分的次类大多数都是比较特别的。一般（普通）动词因符合动词的一般特征、规则，比较容易理解、认识，而特别一些的动词则具有比较特别的特征和规则，把这些较为特别的次类动词研究清楚了，和一般（普通）的结合起来，便会得到对动词情况的比较全面的理解和认识。

第二节　说动宾

1. 动词后边是个有"广阔天地"的区域，有宾语，有补语，表示"时""体"的形式主要也是在动词的后边。

宾语种类繁多，补语的花样也不少；而且这些往往都和动词情况密切相关，研究它们也是进一步研究动词。"动词后"的研究是个"重头戏"，需要下点功夫（本书"动宾"和"动补"都列专节讨论）。

常说"宾语是动词的连带成分"，宾语是动词的"产儿"，它的"一举一动"常常都和动词相关，它依赖于动词，二者需要联系起来研究。

动词和其后成分的关系可以做如下概括：

A. 动词的涉及　涉及的是名词性成分（宾语）。

B. 动词的引起　引起的是某种事件，主要体现为单词谓语性补语和多词（短语）谓语性补语。

动词的涉及和动词的引起是有很大不同的。"涉及"，只是动作行为的简单的延伸；而"引起"，则是综合性、凝集性的，具有复句的复杂性。涉及和被涉及是单一组合，引起和被引起是综合组合。

C. 动词的修饰　不仅前置状语是修饰动词的，内归宾语（相当介词短语的作用）也是修饰动词的，状语性补语也是修饰动词的。中心动词的被修饰具有多元化。

2. **动词和宾语可以分为以下四种类型：**

2.1 外延动词和外延宾语

不少动词含有外延的需求，它不能自足（自我满足），而要求延伸，涉及其他事物。如：

(1) 我修

(2) 他知道

(3) 你像

这些动词句的表述不能自足，让人感觉不完全，会问：修什么？知道什么？像谁？显示出外延的"冲动"。

(4) 我修自行车

(5) 他知道这件事

(6) 你像你哥哥

这样，句子便完全了，满足了。

"修、知道、像"便是外延动词（外动词），"车、这件事、你哥哥"便是外延宾语（被涉及者）。

2.2 内动词和内归宾语

内动词（不及物动词）是自足的，不要求外延。如：

(7) 我今天休息

(8) 这几个嫌疑人在逃

这里的句子的表达是自足的。但是，其中的动词"休息""逃"后边也可以有类似宾语的名词语。如：

（9）我休（息）星期三

（10）在外边逃了几年饥荒

这里的"星期三""饥荒"不同于上边谈的外延宾语，不是动作行为涉及的对象。例（9）是表示我在星期三休息，例（10）是表示因饥荒而逃。

内动词"休息""逃"等后边的名词语"星期三""饥荒"等叫"内归宾语"。内归宾语不同于外延宾语，它是反射回来，对动词做某方面的说明，如原因、目的、工具、方式、时间等。

内动词不能带外延宾语，但是可以带内归宾语。

内归宾语也可以叫作"介词宾语"，因为它们有可能加上某个介词移位到动词的前边。

外动词除可以带外延宾语外，也有可能带内归宾语。

2.3 结果动词和结果宾语

结果动词是指动词本身含有产生结果的"能力"，能引起出现某种"成品"（以前没有的）；结果宾语就是由于结果动词的行为而产生某种"成品"的结构体现。如：

（11）搭小棚子

"搭"是结果动词（动作行为会产生"成品"），"小棚子"是结果宾语（由"搭"而产生）。

2.4 致使动词和致使宾语

"致使动词"是指能产生致使作用的动词，"致使宾语"是指位于致使动词的后边共同体现致使作用的宾语。如：

（12）丰富文化生活（使文化生活丰富）

(13) 解放思想（使思想解放）

这种动词常由形容词、内动词转来。

3. 宾语细分类

依据语义关系及构造状况，宾语可以细分为以下次类：

3.1 依据语义关系，"外延宾语"再分为三类：

受事宾语。表示动作行为涉及的事物。

对象宾语。表示动作行为涉及的对象。

处所宾语。表示动作行为涉及的处所。

3.2 依据语义关系，"内归宾语"再分为五类：

工具宾语。表示动作行为凭借的工具。

目的宾语。表示动作行为起事的目的。

原因宾语。表示动作行为引发的原因。

方式宾语。表示动作行为活动的方式。

角色宾语。表示动作行为凭依的角色。

结果宾语。表示动作行为引起的结果。

致使宾语。表示动作行为致使的对象。

3.3 依据构造情况，宾语再分为三类：

名词语宾语。由名词语充当。上边所列的十种宾语多是由名词充当的。

动词语宾语。由动词语充当。

主谓短语宾语。由主谓短语充当。

双宾语类宾语。由双宾语充当。

以上宾语的次类共有十四种。名词宾语类已在 3.1、3.2 的范围内，应从类的计算中去掉，所以总数是十三种。

4. 动词按宾语类分次类

上边我们为宾语细分了次类，共十三种。现在再回过头来观察动词，看动词和不同类别的宾语是如何选择搭配的。

宾语的类别不同，对动词的选择搭配也必然会不同。这样，从选择中我们又可以为动词分出和宾语类别相对应的次类来。

4.1　带受事宾语类动词（简称"受事动词"）。如：

夺：～他的皮包　　　　拆：～毛衣

上：～钟的发条　　　　删：～了几个字

扣：～房租　　　　　　开除：～学生

发表：～了他的新作　　校对：～书稿

俘虏：～了敌人的团长　处理：～仓库里的积压物资

动词所带宾语可以用"把"提前（不带任何补语）。比较：

已经拆了毛衣了→已经把毛衣拆了

已经处理了积压物资了→已经把积压物资处理了

可以带受事宾语的动词是相当多的，属开放类。

4.2　带对象宾语类动词。如：

尊敬：要～师长　　　　体贴：～亲人

怀疑：很～他　　　　　爱惜：～时间

害怕：～这样的人　　　喜欢：～自己的女儿

佩服：大家都～你　　　同情：～有困难的人

讨厌：～这样的人　　　心疼：她～自己的儿子

了解：～这里的风土人情　相信：～你的办事能力

关心：～集体　　　　　　同意：～你的意见

对象宾语可以加上"对"移位于动词前边，如：

尊敬师长→对师长要尊敬

很怀疑他→对他很怀疑

带对象宾语的动词多是表抽象义、双音节的。少部分单音节动词也可以带对象宾语，如：

瞒：～着大家（对大家～着）

可以带对象宾语的动词虽不像带受事宾语的动词那样开放，但也是比较多的，属半开放类。

4.3　带处所宾语类动词。如：

逛：～颐和园　　　　　　游：～长江

离开：～那个村庄　　　　经过：～天安门广场

进：～西门　　　　　　　到：火车～了保定站

走：～小胡同　　　　　　到达：～了终点

动词带处所宾语可以用"V+哪儿"形式提问，如：

——今天逛哪儿？

——今天逛颐和园。

上边的"逛"带的处所宾语，是表示动作的原点处所，它可以加上"在"移位于动词前边，如：

转了转百货商场→在百货商场转了转

上边的"离开、经过"等带的处所宾语，是表示动作的起点处所或经过的处所，它们可以加上"从"移位于前边，如：

经过天安门广场→从天安门广场经过

作为外延带处所宾语的动词,数量是不多的,属封闭类。

4.4 带工具宾语类动词。如:

盖:～锅盖　　　　顶:～杠子

浇:～水　　　　　盖:～图章

锁:～了把锁　　　扣:～个盘子

压:～土　　　　　蒙:～被子

缠:～红布

工具宾语可以加上"用"移位于动词前边,如:

包纸→用纸包

补旧布→用旧布补

可以带工具宾语的动词,属封闭类。

4.5 带目的宾语类动词。如:

逼:～债　　　　　催:～书稿

求:～字画　　　　祝贺:～胜利

请示:～分房问题　追究:～失火原因

联络:～感情

目的宾语可以加上"为"移位于动词前边,如:

逼债→为债而逼

可以带目的宾语的动词属封闭类。

4.6 带原因宾语类动词。如:

养:～病　　　　　躲:～了一会雨

逃:～了几年荒　　抓:～痒痒

歇:他在～病假　　避:～乱

后悔：~辞退了他　　　争吵：~搬迁问题

着急：~儿子转学的事

原因宾语可以加上"因"移位于动词的前边。如：

养病→因病而养

抓痒痒→因痒痒而抓

可以带原因宾语的动词属封闭类，数量较少。

4.7　带方式宾语类动词。如：

存：~定期　　　　　寄：~挂号

邮：~快件　　　　　裁：~新样子

排：~双栏　　　　　捆：~"十"字

方式宾语可以加"按"移位于动词前边，如：

存定期→按定期存（款）

寄快件→按快件寄（包裹）

可以带方式宾语的动词，属封闭类，数量不多。

4.8　带角色宾语类动词。如：

踢：在国家队~中锋　　唱：以前~须生，现在~花脸

打：我今天~后卫　　　演：~了一次阿Q

可以带角色宾语类的动词属封闭类，数量很少。

4.9　带结果宾语类动词。如：

造：~大船　　　　　盖：~小屋

熬：~粥　　　　　　拍：~电影

凑：~了个戏班子

大多数可以带结果宾语的动词，也都可以另带受事宾语（下边

所列例子是带结果宾语的，也都可以另带受事宾语）：

  裁：~裙子   剪：~鞋样儿

  孵：~小鸡儿   捏：~了个小狗熊

  锯：~了两根锹把 叠：~小鸟

  铺：~了一条砖路 冲：~了碗鸡蛋汤

  炸：~丸子   腌：~咸鸭蛋

  组织：~晚会   剃：~光头

  选举：~工会主席 评：~三好学生

动词后可以加上"成"，如：

  裁成裙子

可以带结果宾语的动词，属封闭类。

4.10 带致使宾语类动词。如：

  端正：~学习态度 改变：~家乡面貌

  丰富：~文化生活 改进：~操作程序

  发动：~摩托车   扩充：~住房面积

  改善：~科研条件 普及：~基础教育

  突出：~重点   模糊：~是非界限

  稳定：~市场物价 满足：~大家的要求

动词加致使宾语含有"致使"的意思，可以做如下变化：

  端正学习态度→使学习态度端正

  轰动全校→使全校轰动

  渴了我一个下午→使我渴了一个下午

可以带致使宾语的动词，属封闭类。

4.11　带动词宾语类动词。

4.11.1　表示企望、小心等和心理活动相关的动词：

盼：~着去北京　　　　惦记：~着买书

想：~着带点吃的　　　需要：~增加编制

小心：~别碰他　　　　留神：~滑倒

注意：~安排好时间　　忘：~了通知他了

4.11.2　表示等同义的动词：

不如：~不去　　　　　等于：说了~没说

像：很~出麻疹

4.11.3　其他方面的动词：

坚持：~按时操作　　　治：~晕船

表演：~耍狗熊　　　　等候：~看病

宾语要求是疑问形式：

考虑：~派谁出席会议　记：~着如何操作

讲：~怎样修理收音机　介绍：~如何布置住房

表决：~是否同意议案　研究：~怎么分配财产

可以带动词宾语类的动词属封闭类。

4.12　带主谓语宾语类动词。这类动词和带动词宾语类的动词多是相同的。如：

盼：~着爸爸快些回来　　惦记：~孩子早点找对象

小心：~他找你麻烦　　　留神：~天黑路滑

不如：~他去　　　　　　等于：我有错不~你没错

讲究：~衣服要合身漂亮　考虑：~他去是否合适

介绍：~他是如何完成任务的

4.13 带双宾语类动词。这类动词要求带两个宾语。我们把靠近动词的那个宾语称为"近宾语"，近宾语后边的那个宾语称为"远宾语"。再分为三个小类。

甲类：

给：~他一本书　　　　　送：~我二斤肉

递：~我一支烟　　　　　还：~图书馆几本书

交：~他十块钱　　　　　分：~我两间房子

找：~顾客三块钱　　　　借：~（给）他一张桌子

租：~（给）他两间房　　赏：~他一块手表

赔：~商店一块玻璃　　　卖：~他们一大盒冰棍

批：~工厂十吨石料　　　分配：~我们两个大学生

奖励：~他们一台电脑

上边所列动词都含有共同的"给予"义，其中的"给"是单纯表给予义的。这些动词既要求和一定的对象（得者）相联系，又要求和一定的给予物品相联系，因而在结构上便要求带两个宾语。

上边例子中的动词，除"给"外，后边都可以加上"给"。如：

送给我二斤肉　　　　　分配给我们两个大学生

乙类：

收：~了我三块钱　　　　扣：~了我十五元

偷：~了商店一件衣服　　赢：~了他两盘棋

夺：~了别人一个包　　拿：~了别人一本词典

罚：~了他二百元

上边所列动词都含有共同的"取得"义。这些动词既要求和一定的索取对象（失者）相联系，又要求和一定的索取物品相联系，因而在结构上便要求带两个宾语。

上边所列例子中的近宾语有可能加上"从……这儿（那儿）"，移位于动词前边。如：

收了我三块钱→从我这儿收了三块钱

夺了别人一个包→从别人那儿夺了一个包

丙类：

告诉：~他我不参加会议　答应：~我你一定准时来

回答：他~我他不能来　　报告：~首长他们已经完成任务

上边所列动词含有共同的"叙说"义。这些动词既要求和一定的叙说对象相联系，又要求和一定的叙说内容相联系，因而在结构上便要求带两个宾语。动词所带的远宾语常是一个主谓短语，如"告诉"后边的"我不参加会议"。

上边我们依据宾语的类别又给动词分出了十三种次类别。由此我们可以观察到动词和宾语的选择搭配情况。在本章第一节我们讨论了动词的"主级分类"，这里讨论的属于"次级分类"。

5. 动词和宾语搭配的多样性

动词和宾语类别的选择搭配往往不是一对一的，大多数动词都可以选择和多种类型的宾语搭配，有的两种，有的三种，等等。下边分别举例讨论。

5.1 只和一种宾语搭配的动词。如：

夺：夺东西（带受事宾语）

尊敬：尊敬老人（带对象宾语）

离开：离开上海（带处所宾语）

制定：制定五年计划（带结果宾语）

5.2 可以和两种宾语搭配的动词。如：

a. 称：称苹果（带受事宾语）

称重量（带目的宾语）

"称苹果""称重量"可以综合为：为（了解）重量而称苹果，显示出目的宾语表目的意义的性质。

b. 存：存钱（带受事宾语）

存定期（带方式宾语）

"存钱""存定期"可以综合为：按定期存钱，显示出方式宾语表示方式意义的性质。

c. 编：编柳条（带工具宾语）

编帽子（带结果宾语）

它们可以综合为：用柳条编帽子。

5.3 可以和三种宾语搭配的动词。如：

a. 捆：捆书（带受事宾语）

捆尼龙绳（带工具宾语）

捆"井"字（带方式宾语）

它们的综合式为：用尼龙绳按"井"字捆书。

b. 染：染白布（带受事宾语）

染（成）红布（带结果宾语）

染红颜料（带工具宾语）

它们的综合式为：用红颜料把白布染（成）了红布。

5.4 可以和四种宾语搭配的动词。如：

掏：掏土（带受事宾语）

掏树根那儿（带处所宾语）

掏蛐蛐儿（带目的宾语）

掏了个小洞（带结果宾语）

它们的综合式为：为了（得到）蛐蛐儿在树根那儿把土掏了个小洞。

5.5 可以和五种宾语搭配的动词。如：

调查：调查了不少人（带受事宾语）

调查了不少地方（带处所宾语）

调查了不少材料（带结果宾语）

调查他的问题（带目的宾语）

调查这个方案（带方式宾语）

它们的综合式为：为了他的问题按这个方案在不少地方向不少人调查了不少材料。

以上的讨论，也可以说又从另一个侧面为动词分了次类，即依据动词带不同类别的宾语的数量情况；同时也显示了不同宾语类别的分布及选择情况，有的是一对一，有的是二对一，有的是三对一……；也观察了"动宾"从分析式变换为综合式的情况，这种变换过程从形式上显示出宾语的类别来。

有人说"动词和宾语的关系是说不完的"。看样子，真有点儿。"说不完"不等于基本情况说不清楚，动词和宾语的关系基本上还是说得清楚的。

6. 宾语的其他类别

在前边第 3 小节我们侧重于从语义关系方面为宾语分出了十三种类别。实际上，还可以再分出一些类别。如：

表方面：

  比数量（就数量方面比）

表类别：

  去看门诊（看病的类别）

除此之外，可能还会碰到别的宾语类别。有些常用动词，由于常用，也就更加灵活，能带更多语义类的宾语，如"吃"：

  吃馒头（带受事宾语）

  吃大碗（带工具宾语）

  吃食堂（带处所宾语）

  吃低保（表依靠）

  （一顿饭）吃了 80 元（表花用）

  吃老王去（让老王请客）

"飞"是不及物动词，但是它也可以带多种不同的语义类别的宾语，如：

  飞雨天（表条件）

  飞长机（表角色）

  飞峡谷（表处所）

飞编队（表方式）

飞北线（表航线）

飞747（表机型）

上边的例子一般是航空界的交谈用语，但是我们非航空界的人也能理解。可见，宾语的语义范畴类别，灵活性大，有开放性。对此，我们可以对语义类型的宾语，再做如下概括：

A. 逻辑型宾语类。包括本节 3.1 中讨论的受事宾语、对象宾语、处所宾语。

B. 反逻辑型宾语类

a. 内归型宾语类。包括本节 3.2 中讨论的各类型宾语。

b. 综合型宾语类。包括结果宾语类以及其他未包括在 A 项和 Ba 项的其他各类别。

7. 动词的宾语和结构的宾语

7.1 所谓"动词的宾语"，是指这样的"宾语"只和动词发生关系；所谓"结构的宾语"，是指这样的"宾语"不是和某一个动词发生关系，而是和一个结构（两个实词的组合）发生关系，它是属于这个结构的。比较下边两组例子：

甲组：

我买苹果/衣服/书……

他喝水/酒/牛奶……

乙组：

她哭肿了眼睛

他跑疼了腿

甲组里的"苹果"等只和动词"买"发生关系,"水"等只和动词"喝"发生关系,它们都是动词的宾语,只是属于某个动词。乙组则有很大的不同。乙组的谓语"哭肿""跑疼"是动补(动词+补语)形式,后边的宾语"眼睛""腿"是和哪一个部分发生关系呢?它们是哪一个部分的宾语呢?仔细比较可见,宾语"眼睛""腿"并不只和前边的动词发生关系,因为"哭眼睛""跑腿"分别都不能联系起来,不能成立;它们也不是和补语"肿""疼"发生关系的,"肿眼睛""疼腿"也分别都不能联系起来,不能成立。所以,宾语"眼睛"和"腿"只能是和前边的动补格发生关系的,"眼睛"是"哭肿"的宾语,"腿"是"跑疼"的宾语,它们是动补格这一结构的宾语。

甲组是动词带宾语,乙组是动补格带宾语。

7.2 动补格里的动词宾语的位置

在动补格句里,动词的后边有"补语"。那么,这时动词要再带只属于自己的宾语,该如何办呢?这种情况下,要采用重复动词的形式,把宾语放在重复后的第一个动词的后边。如:

(14)他走山路走肿了腿

(15)他拍桌子拍疼了手

(16)我喊人喊哑了嗓子

(17)读书读糊涂了他了

(18)下雨下湿了场上的麦子

上边例子的谓语都是动补格,都有两个宾语。位于动补格后边的"腿""手""嗓子""他""麦子"都是动补格"走肿""拍疼""喊哑""读糊涂""下湿"等的宾语,是结构的宾语。

例中另一种宾语"山路""桌子""人""书""雨",它们是重复动词"走""拍""喊""读""下"的宾语,是动词的宾语。

可见,在动补格中需要再安排动词的宾语时,则采用重复动词的办法。这是很巧妙的,在紧凑的句结构中让动词的宾语得到了妥当处理。

8. 嵌入式的结构宾语

在有些句式里,结构宾语可以嵌入一个结构。如"得"字句型:

(19) 痛苦折磨得他吃不好饭,睡不着觉(杨朔)

(20) 这句话又说得大家笑起来(赵树理)

(21) 不瞒你们说,高兴得我一夜没睡着!(浩然)

(22) 他急得缩脖子,皱眉,掀鼻子,咧嘴,简直难看透了,惹得大家哈哈大笑(叶圣陶)

例(19)句子里的"他"、例(20)的"大家"、例(21)的"我"、例(22)的"大家"便是嵌入式的结构宾语,它们可以用"把"提前。如:

→痛苦把他折磨得吃不好饭,睡不好觉

→把我高兴得一夜没睡着

在汉语里边,只有宾语才可以用"把"提前,既然"他""大家"等可以用"把"提前,就应该是宾语。那么,这个宾语是属于哪个成分的呢?它显然不属于"得"前边的动词,因为这个宾语一般和"得"前的动词搭配不起来。比如上边第(20)例并不是表示"说大家"的意思,第(21)例"高兴我"则根本不能成立。

这里的宾语和它前边的成分（动+"得"）加后边的成分（"补语"）这个带"得"的"动补"结构发生关系的，比如上边第1例，宾语"他"是和"折磨得吃不好饭，睡不好觉"发生关系的。

可见，例句里的"我"等是结构宾语，它是带"得"的"动补"结构的宾语。这种结构宾语比较特别，是嵌入式的。

再比较下边的变换式：

风吹弯了路旁的树木（老舍）→风吹得路旁的树木都弯了

爸爸骂哭了弟弟→爸爸骂得弟弟哭了

可以看出，在"动补"格句（箭头左边）里，结构宾语在"动补"格的后边，而在扩展了的"得"字句里，结构宾语便插在"动补"结构的中间。这样的构造形式也是挺巧妙的，带"得"字的补语句的补语字数都比较多，比较长，宾语放在哪儿合适呢？嵌在中间是最合适的。

第三节 说动补

1. 补语的多头绪

以下例句中动词后边的成分一般都分析为补语：

（1）去了三次

（2）走了十分钟

（3）飞往上海

（4）忙极了

（5）好得很

(6) 从下边爬上来

(7) 急哭了

(8) 跑得挺快

(9) 她笑得都流出眼泪来了

例（1）（2）动词后边是数量词"三次、十分钟"，例（3）后边是介词短语"往上海"，例（4）（5）中心语是形容词，后边是副词"极""很"，例（6）动词后边是趋向动词"上来"，例（7）中心语是形容词，后边是动词"哭"（结果补语），例（8）动词（加"得"）后边是形容词短语"挺快"，例（9）动词（加"得"）后边是较为复杂的动词短语"都流出眼泪来了"。可见，谓语中心语（动词、形容词）后边的成分是比较"杂"的，笼统地只说它们是"补语"，显得太概括，不容易说清问题，需要从分类上梳理梳理，让条理清晰些。

2. "数量补语"的归属

"数量补语"［例（1）（2）］放在补语类里，和其他补语类相比较，有点格格不入，特征差异较大，其他各类补语大都是表动态（动词）或表性状（形容词）的，而"数量补语"不同于它们，它应该是名词性的。

动词后边的成分有两大类：宾语和补语。宾语是名词性的（充当宾语的经常是名词）。补语应该限制在动词性范围内。"数量补语"是名词性的，是否可以把它列入宾语大类里呢？可以考虑。

"数量补语"的特点类似于本章第二节讨论的"内归宾语"。也是名词性的，也是返回说明动词，可以归入该类，称为"数量内归宾语"。

3. 介词短语补语

（10）游向对岸

（11）飞往上海

（12）把碗放在（了）桌子上

（13）科研工作要服务于生产

（14）他生于1915年

（15）她们都来自农村

看样子，补语位置不是介词短语的常在位置，它们缺乏"缘分"。介词有几十个，而构成短语能用于动词后边补语位置的也只有上边的几个：向、往、在、于、自，而后三例是书面用法，"自"介词短语也只限用于"来、引"等少数动词的后边，而它的同义词"从""由"都不能用作补语。前三例（向、对、在）在口语里说，它们都表示动作趋向（"在"后边可以加"了"，相当于"到"）。

介词短语的常见位置是动词前边，做状语。

4. 状语性补语

（16）高兴得很（很高兴）

（17）贵极了（极贵）

"很""极"都是副词，虽做补语，功能却相当于状语。再如：

（18）心里堵得慌

（19）热得厉害

（20）难得要命

（21）贵得要死

(22) 她欢喜得了不得

(23) 这个人糊涂得可以

这些例句中的补语"慌、厉害、要命、要死、了不得、可以"都已失去了原来的词汇意义，表示强化，相当于"很""极"的作用、功能，已副词化。再如：

(24) 她急得像掉进黑窟窿似的

(25) 他高兴得好像卸去了千斤重担

这里的补语是用比况的手法来描写中心语"急""高兴"，说明程度深。

例（16）至（25）都是说明中心语形容词的，相当于状语的作用，表示极端程度。补语位置只有强化的程度副词"很""极"能出现，其他副词不能出现，这说明补语位置是强化程度词语出现的位置，不能是表示弱化程度的（不说：高兴得不太。可以说：不太高兴）。

上边举的例子中，中心语都是形容词。中心语也可以是动词，如：

(26) 门关得严严实实

(27) 站得笔直

(28) 走得慢一点

(29) 笑得嘎嘎的

(30) 卖得很便宜

这里的补语也是说明前边的中心语（动词）的，它们可以移位到前边变换为状语，如：

(31) 门严严实实地关（着）

(32) 笔直地站（着）

(33) 慢一点走

(34) 嘎嘎地笑

(35) 很便宜地卖

因而例（26）至（30）的补语和状语的功能相当，也是状语性的。再如：

(36) 你来得好

(37) 你做得很对

(38) 这边有声音，那边听得真真的

(39) 领导抓工作抓得很紧

这里的补语虽然不能变换为状语，但显然也是说明动词的，也是状语性的。

例（26）至（30）、例（36）至（39）的补语不是表示强化程度的，是描写性的。

5. 谓语性（描写性）补语

带"得"字的补语，结构形式多种多样，搭配组合十分自由，几乎和一般谓语的搭配组合相当。如：

(40) 她长得不大好看

(41) 今年二十几岁，生得皮肤很黑

(42) 牲口都是养得肥肥壮壮的

(43) 他们谈得吵起来了

(44) 再看那黑影，已跑得无影无踪

(45) 桦林霸大概跑得把腿跌坏了

(46) 我们虽然失去了一些地方，但敌人也拖得筋疲力尽

上边例句里的补语"不大好看""皮肤很黑""肥肥壮壮的"等，显示出各种组合形式，还可以自由变化。[如例（40）可以变化为：长得很好看｜长得好看极了｜长得比我好看｜长得好看不好看?]而且，例句中的中心语（和"得"）可以轻易地被略去，补语便直接转化为谓语。如：

她不大好看

皮肤很黑

牲口都是肥肥壮壮的

他们吵起来了

再看那黑影，已无影无踪

桦林霸大概把腿跌坏了

敌人也筋疲力尽

从这种转化和从结构形式的多样上都可以看出，这种补语和谓语有明显相同之处，所以说它是谓语性的。这种谓语性补语，和前边成分的语义关系常常显示出多重性，如：他胖得都走不动路了。补语"都走不动路了"表示由"胖"而引起的结果，说明胖的强化程度，并且也是描写主语"他"的。

6. 结果补语的非自主性

充当结果补语（单词补语）的，都是非自主动词。如：

(47) 拉断了

(48) 打垮了

(49) 冻裂了

(50) 刮灭了

"断、垮、裂、灭"都是非自主动词（非人的意志所能控制）。充当补语的这一类动词另如：跑（吓跑了）、瘸、醉、中（打中了）、赢、歪、弯、死、塌、哭、渴、倒、掉、懂、病等。

结果补语也常用形容词。如：

(51) 气球吹大了

(52) 小猪都喂肥了

(53) 羽毛长丰满了

(54) 慢慢地搁旧了

(55) 颜色变浅了

做补语的"大、肥、丰满、旧、浅"等形容词都显示出变化状态（后边有"了"）（再如：吹大起来｜长肥起来），这也是非自主的，非可控的。这一类形容词另如：高兴、好、红、黑、糊涂、结实、胖、累、慢、木（腿坐木了）、便宜、热、冷、深、疼等。

这说明结果补语经常表示：由于某种较长时间的动作行为或由于某种较强的动作，而引起了某种结果变化，它是自然发生、进行的，是非人为的。

7. 简单动补格的扩展

简单动补格（补语是单个词）一般都可以扩展为带"得"的补语，如：

(56) 我们当时都渴晕了

　　→我们当时渴得（头）都晕了

（57）坐久了，腿发麻

　　→坐得（太）久了，腿发麻

（58）老张熬夜熬病了

　　→老张熬夜熬得都病（倒）了

（59）妈妈做饭做少了

　　→妈妈做饭做得少了（一些）

（60）他想飞跑，跑忘了一切

　　→跑得忘了一切

不同类型的简单动补格，一般都可以如此扩展。结果补语（单词补语），结构简练，而扩展的带"得"字的补语，则结构组合自由，描写自由，表达丰富。可以依据不同的条件做选择。两者有时也连用，如：

（61）我吃饱了，吃得非常非常饱

（62）他喝醉了，喝得酩酊大醉，不省人事

比较可见，前边的结果补语（单词补语），只是做一般的简单的结果表述；而后边扩展了的带"得"的补语，形式表达自由，描写充足，并有修辞夸张色彩。但是结果补语（单词补语）也有它的"优势"，它和中心语动词结合紧凑，因而后边可以自由地带宾语。而"得"字补语式则不能这样。

8. 结果补语式的复杂情况

结果补语式内部的关系比较复杂，这常体现在及物动词和不及物动词的不同组合上。可分为四类：

　　a. 动及物，补及物。如：我看懂了这幅画

b. 动及物，补不及物。如：阳光刺痛了眼睛

c. 动不及物，补及物。如：他跑丢了一只鞋

d. 动不及物，补不及物。如：她喊哑了嗓子

从这四类所举的四个例子又可以看出，不同的动补组合和句中的施事、受事的关系又是各不相同的。比如，a 中"懂"、c 中"丢"都和前边的施事"我""他"有关系（我懂、我丢），它们后边的"这幅画""一只鞋"都是一般性的受事；而 b 中"痛"、d 中"醒"则都和前边的施事"阳光""她"没关系（*阳光疼，也不是她哑），它们后边的"眼睛""嗓子"则都是致使性的受事（使眼睛疼/使嗓子哑），等等。

从这个简单的叙述里可以看出，错综的"动补"式，是根据不同类动词的不同组合，以及这些词和句中名词的各不相同的关系，而形成起来的。

9. 带"得"字补语式的主语

当带"得"字补语句带有嵌入式宾语时，句子常含有较强的致使作用，其前边的主语也相应显得较为特别，有以下几种情况。

9.1 主语表施事。如：

（63）（她）哭得长富也忍不住生气（鲁迅）

（64）此后还有人，一迭连的走得小楼都发抖（鲁迅）

（65）她说到伤心的地方，一把眼泪一把鼻涕，（她）哭得眼都红了（孔厥、袁静）

（66）（老孙头）说得老万笑起来，把东屋萧队长笑醒了（周立波）

9.2 主语是表事物的名词语。如：

（67）这一情况折磨得他吃不好饭，睡不好觉（杨朔）

（68）这句话像鼓槌一般打得吴老太爷全身发抖（茅盾）

（69）庄木三的烟早已吸到底，火逼得斗底里的烟油吱吱地叫了，还吸着（鲁迅）

（70）这时月明如昼，照得那山山树树一清二楚（马烽、西戎）

9.3 主语表受事。如：

（71）豌豆吃得人腿发软，心发躁，很多人都拉了肚子（刘克）

（72）啊，辛先生，（你）望得我好苦啊（田汉）

（73）这一篇话听得我凄然而又悚然（冰心）

（74）木椅上坐得他屁股发酸（张天翼）

"豌豆"是"吃"的受事，"辛先生"是"望"的受事，"这一篇"是"听"的受事，"木椅"是"坐"的受事。

9.4 主语空位。如：

（75）不瞒你们说，高兴得我一夜没睡好！（浩然）

（76）这壶把小伙子的胳膊粘下这么大一块皮去，立刻往外冒黄油，疼得小伙子直跳汗（相声传统作品选）

（77）他急得缩脖子，皱眉，掀鼻子，咧嘴，简直难看透了，惹得大家哈哈大笑（叶圣陶）

（78）破片呼啸着四散，惊得野兔子在荒地上直打转（期刊）

(79) 闷热，热得旷野里柳树上的蝉，竟然在半夜里叫了起来（峻青）

(80) 这一问，问得小飞蛾头发根一支杈（赵树理）

上边各例的中心语"高兴、疼、惹、吓、热、问"等前边的主语位置都空位，没有表施事的名词语。例（75）至（80）也可以说"得"句是前边句子所显示的事件引起的。

10. 趋向补语中心点的游移

试比较下边的两组例句：

甲组：

(81) 他从外边走进来

(82) 小王从下边爬上来

乙组：

(83) 从外边搬进来一张桌子

(84) 从下边吊上来一桶水

甲组句中的动词"走""爬"有可能被略去：

他从外边（走）进来

小王从下边（爬）上来

这说明甲组句中的动词"走""爬"可能处于弱势，而趋向词"进来""上来"可能处于强势，而成为谓语主要部分。而乙组句中的动词"搬""吊"不能略去，趋向词"进来""上来"只能是补语。

11. 补语，实词虚化的位置

11.1 位于补语位置的实词有可能发生虚化。在第一章第二节我们曾举了趋向词"上"的虚化过程。另如：

站起来

升起来

建立起来

关起来

藏起来

想起来

紧张起来

唱起歌来

"站起来"中的"起来"是实义词,可以单用。下面各例,逐步虚化,最后一例的"唱起歌来"里的"起来"已虚化近似于"时、体"助词。

11.2 上边指的是做补语的趋向动词的虚化,做结果补语的动词也可能虚化,如:

(85) 摸透　看透│话要说透│雨没下透

(86) 看中　猜中│打中要害

(87) 说穿　看穿│戳穿骗术

(88) 够着　打着│猜着│找着了

(89) 写成　编成│试验成了│会开成了

(90) 立定　站定│商量定了│拿定了主意

(91) 站住　遮住│记住│捉住│吸引住

以上所列做补语的"透"等,原本都是动词,在这里的补语位置上已虚化,表示一些比较虚的意思。这样的词也都只能位于补语位置,不能用于其他位置。

11.3 在"得"字补语句里，也有虚化情况。在前边第4小节我们列举了处于补语位置上的"慌、厉害、要命、要死、了不得、可以"等，它们基本上已失去了原本的词汇意义，形成虚化，都是表示强化程度的，相当于副词"极"等。有的已被列入副词。

从以上讨论可见，补语位置上的虚化现象是比较常见的。这是由于中心语动词的"吸引""感化"促使的。中心语动词需要"时""体"成分来"满足"它的动态表达，虽有"了、着、过"等，但还是显得不够，于是便"感化"做补语的实词虚化。虚化方向主要是表示动态的"体"，或者是表示强化的程度。虚化词的作用是使搭配面大大扩大。以上所举的便是这样。

12. 数量补语和动词的选择（动词按补语分类）

数量补语（数量内归宾语）有两种：表动作数量，由数词和动量词组成；表时间数量，由数词和时间词组成。它们和动词组合搭配各有不同的选择，由此我们可以观察到动词的若干个小类，以及它们相互组合的种种情况。

12.1 动量词和动词的选择

12.1.1 重复动词和非重复动词

所谓重复动词是指，动词所显示的动作行为是可以反复进行的，是可以计量的（重复量）。大多数动词都属于重复动词。

所谓非重复动词是指，动词所显示的动作行为是不能反复进行（或者是倾向于不能反复进行）的，是不能计量的。如：知道、晓得、明白、衰败、结束、停止、消灭、缺少、缺乏、包括、回忆、吸引、存在、产生、继承、成为、觉悟、任凭、希望、盼望、发明、写作、刺激、忍耐、忍受、防备、克服、奋斗、牺牲、团结、吸收、建立、建设、影响、反省、改良、发挥、改正、创造、表现、预备、防止、负担、贡献、控制、掌握、把握、生活、需要、保持、发扬、多亏、长、费、顾、透、活。非重复动词多是比较严肃、表抽象意义的动词。另外，心理活动动词也常常是不能反复进行的（见本章第一节）。

重复动词可以和动量词（包括动量词和数词加动量词）相组合，表示动作的量。非重复动词一般不能和动量词相组合。

12.1.2 重复动词和动量词"次（回）"。如：

去：～过三次　　　　来：～过两回

送：给他～过一次煤　见：～过两回

问：～过他几次　　　搬：～过许多回

打：～了我两次　　　测量：～了两回

重复动词都可以和动量词"次（回）"（加上数词）相结合。"动量词'次'"表示的每一次动作行为包含某种过程，如"去一次"包含有往返的过程，"问一次"包含有时间延续的过程，"打一次"包含有具体动作行为重复的过程，这和"动量词'下'"相比较，可以看得更清楚（见下边 12.1.5）。

12.1.3 重复动词和动量词"遍"。如：

看：这本书～了两遍　扫：这屋子又～了一遍

听：这首歌～了三遍　找：到处～了一遍

唱：一天～了十遍　　逛：前后～了三遍

说：你再给他～一遍　踩：挨着～了一遍

念：多~几遍就会背了　　擦：重新再~一遍

弹：他一连~了几遍　　　刮：他又~了一遍脸

改：这篇文章~了五遍　　谢：挨个儿~了一遍

教：他又~了我一遍　　　骂：把那人~了一遍

嘱咐：对孩子们~了一遍

问：从第一个到最后一个~了一遍

称赞：对大家~了一遍

"动量词'遍'"，或者表示从头到尾动作行为的量（如"看一遍""听一遍"），或者表示遍及某一范围的动作行为的量（如"扫一遍""逛一遍"），或者表示挨个儿重复某动作行为的量（如"挨个儿谢了一遍"）。再比如下边的例子：

看：a. 从上到下~了两遍　　b. 一个一个~了一遍

听：a. 从头到尾~了三遍　　b. 一首一首~了一遍

搜：a. 从上到下~了两遍　　b. 一个一个~了两遍

磨：a. 把那块石头~了一遍　　b. 一个一个~了两遍

这里 a 和 b 各句所用动词相同，它们和"（数）遍"相组合是从不同方面表示动作行为的量的。

12.1.4　"去"义动词和动量词"趟"。如：

去：~了三趟天津　　　回：~了一趟老家

上：~了两趟王府井　　跑：~了两趟上海

送：~了两趟客　　　　进：~了一趟北京

"动+动量词'趟'"表示往返动作行为的量。比如"去了三趟"表示"去"而返的行为共重复了三次。这里的"去、回"等动词都含有"去"义，这类动词表量时常和动量词"趟"相组合。

再看下边的动词及例子：

坐：～了两趟长途汽车　　担：～了三趟草

骑：～了一趟摩托车　　　背：～了三趟煤

提：～了三趟水　　　　　挑：～了几趟柴火

和上边的"去、回"等动词相比较，这里的"坐、背"等动词并不含有"去"义。这里的"动＋（数）趟"具有综合性，可用如下分析式表示：

坐两趟汽车＝｛坐＋汽车｝＋｛去＋（两）趟｝

这里的动词限于乘坐和背扛一类的。再看下边的动词及例子：

买：～了一趟粮食　　　寄：～了一趟信

看：～了两趟病　　　　取：～了一趟电影票

催：～了一趟老李　　　拿：回家里～了一趟雨伞

请：～了一趟医生　　　问：～了两趟老师

访问：～了一趟日本　　请示：～了一趟领导

和上边的"去、回"等动词相比较，这里的"买、催"等动词也不含"去"义，这里的"动＋（数）量"也具有综合性，可用如下分析式表示：

买一趟粮食＝｛去＋（一）趟｝＋｛买＋粮食｝

这里的动词是表示购买、邮寄、催问、拿取、访问等义的，这样的动词所表示的动作行为可以在距说话者比较远的地方进行。

12.1.5　接触动词和动量词"下"。如：

拍：～了三下（桌子）　　亲：～了两下（脸蛋）

第三章 动词及连带成分

砸：~了几下（门）　　抬：~了一下（箱子）

吹：~了一下（灯）　　握：~了两下（手）

敲：~了三下（钟）　　摇：~了几下（旗杆）

按：~了两下（喇叭）

所谓"接触动词"，是指动词所显示的动作行为要触及某种物体，如"拍"，要触及"桌子"，"砸"，要触及"门"，等等。"接触动词"都是具体动作动词。

非接触动词一般不和动量词"下"相组合。比较：

逃：*~过两下（~过两次）

笑：*~过两下（~过两回）

说：*~过一下（~过一次）

休息：*~了两下（~了两次）

接触动词加动量词"下"表示的动作的每一次量都是短暂的。比如"拍了三下桌子"，这里的"拍"的动作共重复了三次，而每一次的动作都是短暂的（接触即离去）。可和"动+动量词'次'"比较：

（92）他拍了三次桌子，每一次拍了三下

（93）他亲了小弟弟两次，每一次亲了三下

比较可见，"动+次"所表示的动量具有过程性，比如例（92），共拍了"三次"，而每一次又都包括了"三下"（形成过程）；而"动+下"则不包含过程，它所表示的每一个动作都是短暂的。

12.1.6 "哭"等动词和动量词"场"。如：

哭：~了几场　　　干：大~了几场

骂：大～了一场　　吵：大～了一场

闹：～了几场

"哭"等动词加"（数）场"表示的动量带有夸张性，含有较强的激烈程度。比如"哭了几场"所表示的"哭"，不会是一般的小哭，而是比较激烈的大哭，往往还带有肢体的活动。动词的前边常常同时用"大"。可以和动量词"场"相结合的动词是比较少的，限于"哭"等一小部分。

12.1.7 "刮"等动词和动量词"阵儿"表示的动量带有轻微性，比如"刮了几阵儿凉风"所表示的每一次动作行为时间上都是比较短的，程度上都是轻微的（如果用"一阵子"则无轻微义）。

可以和这里的动量词"（数）阵儿"相结合的动词是很少的，限于"刮"等少数几个。

12.1.8 身体行为动词和借用动量词"眼、脚"等。如：

看：～了一眼　　　　咬：～了三口

舔：～了两舌头　　　扇：～了两巴掌

戳：～了一指头　　　捣：～了一胳膊肘子

踢：～了（他）三脚　叫：～了三声

喊：～了几嗓子

"看、咬、舔"等动词都是表示身体某部分的动作行为的。这些动词都可以借用某些名词做动量词，如"眼、口"等，这些名词一般都是指身体某部分的，它们都和句中的动词密切相关，是相关动作发出的部位（如"看"是用"眼"，"咬"是用"口"等）。

"看、咬"等动词和动量词"眼、口"之间的组合搭配，是固定的，不能相互替换，如动词"看"只能用"眼"表量，动词"咬"只能用"口"表量，动词"踢"只能用"脚"表量，等等。

12.2 时量词和动词选择

动词的"时量"（延续量）是由动词加上不同的时量词组来表示的，时量词组由数词加上时量词组成（下边提到"时量词"时，有时也指时量词组）。

时量词可以分为有定的和不定的。有定时量词如：（等三）天、（玩一）上午/下午、（睡三）晚上/夜、（干一）年、（教两）学期、（住一）星期/礼拜、（讨论两）小时、（问十）分钟、（煮一）刻钟。不定时量词如：（坐一）会儿、（等一）下、（聊一）阵儿。这些时量词只能和数词"一"结合，都是表示延续短的时量。其他表示不定时量的时量词组如：（等）好长时间/许久、（睡）老半天、（辛苦）一辈子、（干）几小时、（再等）两天，这些大都是表示时间长的，并带有夸张性。

12.2.1 持续动词和非持续动词

持续动词是指，动词所显示的动作行为是可以持续的，它可以有开始、持续、结束三个阶段。如：吃（半小时）、跑（十分钟）、研究（一个上午）。

非持续动词是指，动词所显示的动作行为一般是不能持续的，它没有开始、持续、结束三个阶段，也可以说它的开始阶段和结束阶段是相重合的。如"（绳子）断"便是非持续动词，它所显示的动作行为是没有持续的过程的。

持续动词和非持续动词都可以和时量词结合，但是情况有所不同。

12.2.2 持续动词的两种延续量

持续动词可以和时量词相结合,表示动作行为持续的时间量。如:

跑:早晨~了二十分钟   哭:~了一个下午
蒸:~了半个小时   治:这病已经~了一年了
听:~了三个小时   等:~了五天
找:~了一个礼拜   兴:~了一年又不兴了
咳嗽:~了一个晚上   合作:~过一年
宣传:~了三个月   学习:~过三天
解释:~了半个小时   搜集:~了一年
实行:~了半年   活动:在外边~了十分钟
负责:只~了一年

"跑了二十分钟"是表示"跑"的动作持续了二十分钟,"哭了一个下午"是表示"哭"的动作持续了一个下午,等等。

上边的持续动词加上时量词只能表示动作行为进行持续的时间量。但是有些持续动词和时量词相结合后却可以表示两种不同的延续时间量。比较:

吃:a. 吃了两个小时(才吃完)/b.(刚)吃了两个小时又饿了

说:a. 一个人说了一个小时/b. 刚说了一个小时,就不认账了

种:a. 种小麦种了四天/b. 种了半个月,芽儿就出来了

刮：a. 刮胡子刮了二十分钟/b. 刚刮了两天又得刮了

卖：a. 卖白菜卖了三天了/b. 那件衣服已经卖了三天了

喂：a. 喂了一会儿孩子/b. 刚喂了半小时孩子又哭着要吃了

检讨：a. 他检讨了半个小时/b. 刚检讨了三天，老毛病又犯了！

上边各 a、b 例句都是同一个动词带有相同的或不同的时量词，表示时间的延续量，但是它们的情况是不同的，各 a 句动词加时量词表示动作行为是进行持续的时间量（和上边"跑、哭"等所举例句的情况相同），而各 b 句动词加时量词则是表示动作行为结束后时间的延续量，比如动词"吃"，b 句是表示"吃"的动作行为结束后过了两个小时（又饿了）。

可见，一部分持续动词加时量词有可能表示两种延续时量，一种是动作行为进行持续的时间量，一种是动作行为结束后时间的延续量。

12.2.3　非持续动词和时量词

非持续动词所显示的动作行为是不能持续的，它的开始和结束是重合的。但是非持续动词也可以和时量词相组合。如：

灭：~了一天了　　　丢：~了一个月了

完：~了两小时了　　塌：~了一星期了

批准：~两天了　　　跑（逃跑）：兔子~了三天了

成立：刚~了五个月　离开：~这里三天了

合并：~两年了　　　公布：~了三天了

结束：~三天了　　　停止：~训练两个月了

同意：已经~了五天了

上边列的都是非持续动词，所举例子都带有动量词。

非持续动词另如：倒、定、死、胜、败、掉、回、懂、见、醒、回应、通过、发明、粉碎、俘虏、投降、逮捕、原谅、到达、取消、完成、接受。

非持续动词加动量词和持续动词加动量词的不同是，前者一般只是表示动作行为结束后时间的延续量，如"灭了一天"是表示"灭"这一动作行为结束后过了一天。

12.2.4 状态动词和动量词

状态动词都可以和动量词相结合表示状态持续的时间量。如：

坐：~了四个小时／~了一会儿／~了两分钟

蹲：在那儿~了一个下午／~了几分钟

放：箱子在那儿~了一年

停：车在那儿~了一个晚上

病：~了两个月

上边例子里的动词都是状态动词，都带有动量词，表示状态的持续时间量。

12.2.5 长持续动词和动量词

就多数持续动词来说，在表示持续量的长短上是没有限制的，持续量可以长也可以短。比如"看"，可以说"看了一年"（长持续量），也可以说"看了一分钟""看了一会儿"（短持续量）；另如"等"，可以说"等了十年"（长持续量），也可以说"等了五分钟""等了一会儿"（短持续量）等。

但是，有些动词只能表示较长时间的持续量而排斥表示较短时间的持续量。这样的动词便是长持续动词。如：

培养：~了三年/*~了三小时/*~了一会儿

恋爱：~了一年/*~了五分钟/*~了一会儿

改造：~了两年/*~了十分钟/*~了一会儿

隐瞒：~了十年/*~了三分钟/*~了一会儿

休养：~了三个月/*~了几分钟/*~了一会儿

影响：会~好长时间/*~了十分钟/*~了一会儿

筹备：~了三个月/*~了两分钟/*~了一会儿

反对：反对他~了十年/*~了半个月

战斗：并肩~了三年/*并肩~了一刻钟

包围：这个城市被~了三个月/*这个城市被~了三分钟

流行：这种病~了半年/*这种病~了半天

压迫：他~了我一辈子/*他~了我两分钟

奋斗：他~了一生/*他~了几天

生活：在那儿~了三个月/*在那儿~了两分钟/*在那儿~了一会儿

来往：~了两年/*~了一分钟/*~了一会儿

住：在北京~了一年/*在北京~了两分钟/*在北京~了一会儿

病：~了一个月/*~了一分钟/*~了一会儿

上边所列动词都是长持续动词。从所举例子可见，长持续动词相对来说只和表示较长时间的时量词相组合，而不和表示较短时间的时量词相组合。长持续动词多是抽象意义的较严肃的双音节动词。

12.2.6　短持续动词和时量词

短持续动词是指其所显示的动作进行的持续量是比较短的动词。如：

躺：~了半天才躺下去/*~了一会儿才躺下去/?~了三分钟才躺下去

戴：~了好半天才把花戴好/*~了一会儿才把花戴好/?~了二十分钟才把花戴好

请：~了好半天还没请来/*~了一会儿还没请来/*~了二十分钟还没请来

留：~了好半天才把他留住/*~了一会儿才把他留住/*~了半小时才把他留住

停：~了老半天还是没有停住/*~了一会儿就停住了/*~了十分钟就停住了

咽：~了老半天还是没有咽下去/*~了一会儿就咽下去了/*~了两分钟就咽下去了

蹲：~了老半天才蹲下去/*~了两分钟才蹲下去

举：~了老半天才举起来/*~了一会儿才举起来

上边所列的一般都是短持续动词。它所显示的动作行为的真正持续量一般都是比较短的。比如动作动词"躺"，从开始躺到躺下去，其过程是不会长的，再比如动作动词"停"，从开始停到停下来其过程也是不会长的。这些动词也可以和时量词相结合表示动作行为持续的时间量,不过有较大限制。

从上边所举例子可以看出,这些动词多限于和带有夸张性的"(好)半天""好大一会儿"等不定时量词相结合,而一般不和表示短时间的"一会儿"等不定量词及"三分钟""半小时"等有定量词相结合。

短持续动词接近于非持续动词。它和时量词"(好)半天""好大一会儿"等相结合,带有较强的夸张性,往往是表示实现该动作行为颇为艰难。比如"躺了半天才躺下去"并不是往下躺的动作真正持续了"半天",实际的动作行为持续量可能只是几分钟,是强调其艰难。

12.2.7　心理活动动词和时量词

心理活动动词是表示某种感情、感觉等的,它们和时量词结合有各种限制。如:

讨厌:这个人我~了一辈子/*~了三个月

感动:我也~了一阵子/*~了三个小时

心疼:我~好了一阵子/*~了两个小时

注意:~了几天没发现什么/*~了二十分钟没发现什么

后悔:~了好长时间/*~了一个小时

担心:~了好长时间/*~了半个小时

上边的心理活动动词"讨厌、感动"等只和不定时量词"一辈子、一阵子"等相结合,而不和有定时量词"三个月、两个小时"等相结合。

另有一些心理活动动词则只和表示长时间的有定时量词相结

合，而不和表示短时间的相组合。这些动词同时也是长持续动词。如：

恨：~了（我）三年/*~了（我）十分钟

惦记：~了整整两年/*~了三个钟头

盼：~了三年/*~了十分钟

抱怨：~了老半天/*~了一分钟

怀疑：~了（我）两年/*~了（我）三分钟

下边的心理活动动词一般不能和时量词相组合。如：

同情：*~了一阵儿/*~了一个月

尊重：*~了一阵儿/*~了三个月

爱护：*~了好久/*~了三年

佩服：*~了好半天/*~了一年

爱：*~了一阵儿/*~了三个月

嫌：*~了好久

这些动词所显示的心理活动也是可以延续的，只是需采取别的方式来表达。如：

他一直很同情我

我一直很尊重他

大家向来都很佩服他

13. 对动词后的"补语"可以做如下梳理：

A. "数量补语"可以归入"内归宾语"类（数量内归宾语）；

B. "状语性补语"功能和状语相当（像是后置状语）；

C. "趋向补语"和"介词补语"表示动作行为的趋向；

D. 大多数"结果补语"和带"得"的补语是综合型（压缩性）的，是复单句（见第四章第二节），组合和变化相当自由，表达力很强。

C、D 是叙述性的或描写性的，多说明动作行为产生的后果。

第四章 句

第一节 说句

1. 句，是说出来能够单独站住，传达一个相对完全的意思，让听话人有可能达到交谈满足的最小语言单位。

句，蕴涵着奥妙，需要仔细观察，琢磨，品尝。

句，变化多多，需要在变化中，体验它，掌握它。

句，承上启下，它由词和短语组成；连起来，又组成复句、句群。

句，是语法工作者头一位需要"对付"的，进入它，理解它，弄清它，描绘出精彩蓝图。

2. 句可以传递方方面面的信息，这样的，那样的，那样的，这样的。句表达上可以说无所不能。

复杂的语言有合理的结构体系，在这合理的体系的引导下运行着，发展着。语言的结构体系，主要是语法结构体系，语法结构体系中句成分"框架"体系占有重要的地位。

发展形成的句成分"框架"体系，是语言的精华，是人类智慧的高超体现。

一般确定的句成分是六个：主语、谓语、宾语、定语、状语、补语。如此确定，是科学的，合理的，因为它高度概括地反映了客观事物的存在及关系状况，是符合客观实际的体现。

3. 客观世界万事万物，千变万化，但是它们的基本状况是一致的。

存在着各种各样的事物，变化着，活动着，动作着。

事物又相互联系着，影响着。有起点，有始发者；有止点，有受作用者。

事物又呈现出各种各样的状态，变化着。

句的各个句成分及其关系体系，正好能够从各个侧面反映、表达客观存在的这种种状况。因而它是合理的，有生命力的，是被广泛接纳的。

4. 句成分及句的两种建构

句是从语言切分来的，句成分又是从句切分来的。句可以切分出若干片段，由于功能及相互间关系的不同，而聚合形成若干概括的类别，我们称它为句成分。

两种关系建构（动词句）：

A. 主语（话题）←谓语

```
     定语           状语           定语
      ↓             ↓              ↓
B. 主语（施事）→中心语（动词）→宾语
                    ↑
                   补语
```

A项关系建构，是话题主语和谓语相对。话题主语是被说明者，谓语是说明者。B项关系建构，是以动词为中心，前边是主语（施事），后边是宾语，常常可以另有状语、补语或定语。

就动词句来说，话题主语和谓语这两个成分都比较概括、抽象，需要发掘和分析的内容不多。立话题主语的主要原因之一是，它可以把各类句子"统一"起来，它们都具有相同的主语（话题）和谓语，如动词句、形容词句、名词句、主谓谓句。

B项关系建构，对动词句来说很重要，它贴切地体现了动词句的结构框架，而且，我们可以在这一个关系建构上"大做文章"，因为它的内容最为丰富，值得探索、分析。

5. 关于主语

5.1 话题主语

主语问题是一个颇受关注的问题，也是花费时间较多、争论较多的一个问题。人们想了种种办法，试图把主语的定义、范围等问题说得清楚些，但是其结果常常不能令人满意。

现在来考察一下，主语（话题）究竟是什么样的句成分。我们先从语义关系方面考察，然后考察形式方面。下边是从几本语法书里摘录的有关主语的定义，都是从语义方面来说明主语的：

主语是被陈述的，谓语则对主语加以陈述。

主语是说话人述说的对象，是一句话的主题（即说话人的"话题"）。

主语是一句话的话题，是谓语的表述对象。

主谓词组也由两部分组成，前一部分是陈述的对象，或者说"话题"，叫主语。

在汉语里，把主语和谓语当作话题和说明来看待，比较合适。

在语法书里，为主语所下的定义不出上边所引的。从上边的定义来看，有的是把句子分为两个部分，一部分是陈述的对象（主语），一部分是陈述的内容（谓语）；有的则侧重于说话的出发点，句子里边先有个题目（话题），然后对这个题目加以说明，题目是主语，说明部分是谓语。这两种说法基本上是一致的，都是说，句子里边存在着说明和被说明的两个部分，一是主语，一是谓语。

如果把"话题"（陈述、说明的对象）作为主语的定义，就应该把这个定义贯彻始终，依据它来划定主语的范围。这样，下边例句里标有着重号的部分都有资格被看作主语：

(1) 我吃了一个苹果

(2) 这个苹果我不吃了

(3) 门口站着一个战士

(4) 会议室里正在开会

(5) 昨天晚上发生了一件奇怪的事情

对例（1）不会有分歧，对其他各例则不同程度地存在着分歧。例（3）（4）（5）分歧还是相当大的，因为不少人认为在动词谓语句里，时间词和处所词不能充当主语。

试把以上例句用"是不是"改变成问话：

(6) 你是不是吃了一个苹果？

(7) 这个苹果是不是你不吃了？

(8) 门口是不是站着一个战士？

(9) 会议室里是不是正在开会？

(10) 昨天晚上是不是发生了一件奇怪的事情？

可见，例（6）至（10）标有着重号的部分，"话题"的性质是比较明显的。因此，例（1）至（5）标有着重号的部分应该同样看待，都可以分析为主语。它们在句子里边都是从不同的侧面作为被说明的对象的，比如例（3）是说明"门口"怎么样的（有什么人、事物），例（4）是说明"会议室里"怎么样的（正在干什么），例（5）是说明"昨天晚上"怎么样的（有什么事情发生）。

现在需要研究的是，作为话题的主语，具有哪些特征。

首先，它具有较大的概括性。正如上边已指出的，位于句子前边的一般名词语、处所词、时间词，等等，都可以充当主语。这样，主语包括的内容便多而杂。

其次，它具有一定的灵活性。试比较下列例句：

（11）昨天晚上，老王家里发生了一件奇怪的事情

（12）老王家里，昨天晚上发生了一件奇怪的事情

（13）昨天晚上，老王家里，发生了一件奇怪的事情

例（11）的主语应该是"昨天晚上"，例（12）的主语应该是"老王家里"，那么，例（13）的主语应该是哪一个呢？从作为"话题"来看，"昨天晚上"和"老王家里"似乎都有资格当作全句的主语，特别是在回答"什么时候，什么地方，发生了一件奇怪的事情？"这一提问时，它们的"话题"性质可以说是等同的。但是，例（13）和例（11）的不同之处只是在"老王家里"的后边多了个逗号。逗号表示语音停顿，而语音停顿往往有任意性。这说明，在判定上边三个句子里的主语时，是有一定的灵活性的。

再次，主语（话题）和谓语（说明）相对，它们之间的关系是松散而笼统的（和概括性有关），不像句子里边其他成分（比如

施事、受事和谓语动词)之间的关系那样密切而具体。

正是由于主语(话题)的这种概括性、灵活性、笼统性,使我们难于为它归纳出共同的形式特征。过去我们为主语所找出的形式特征,往往缺乏普遍性和贴切性。这并不是由于我们下功夫还不够,而是主语(话题)本身就缺乏形式特征。

那么,主语(话题)到底是什么样的成分呢?根据我们以上的讨论来看,主语是这样的成分:

A. 它是位于句子前边的起话题作用的名词或相当于名词的成分。它和谓语相对,是就全句的格局说的。

B. 它有较大的概括性,有不稳定性,它和谓语之间的关系松散、笼统,它的形式特征贫乏。

对语法研究者来说,一个重要任务就是研究语法结构的特征、规律,既然主语(话题)"形式特征贫乏",就不那么"吸引"人了,不必过多地为它花费精力。

位于句首的一些成分是"话题",是主语,同时又可能是其他成分,这是这些成分的"二重性"。

5.2 施事主语

长期以来我们研究语法常要提到、讨论到"施事"(动作发出者)和"受事"(动作承受者)。这说明"施事"和"受事"是客观存在的,越来越多的分析者开始接受它在语法分析中的作用。现在需要做的是进一步明确下来,让它成为句成分的一员,并把它和其他句成分在分析中协调起来。

确定施事主语,会让句子结构格局更完善些,分析更方便些,也能使我们更深入、细致地了解句结构的特点。如：

(14) 我（我们）追小赵

(15) 星期三轮我值班

(16) 两个人争吵个没完

例（14）的施事主语可以指单数也可以指复数，例（16）的施事主语却必须指复数，例（15）不能有施事主语。再比较：

(17) 他（他们）醒了

例（14）的施事主语"我（我们）"是能控制中心语动词"追"这一行为的，而例（17）施事主语"他（他们）"却不能控制"醒"这一行为，这是例（14）和例（17）所形成的句式的重要不同特征之一。

施事主语也可以不是指人名词。如：

(18) 嘈杂的人声惊醒了酣睡的渔妇（叶圣陶）

(19) 时间不等人

施事主语可以是数量名短语，它可以是有定的或无定的。如：

(20) 两个人一见面，便坐下谈了起来

(21) 几个孩子跟在车后边跑

例（20）的"两个人"是有定的，前边可以加"这"或"他们"，例（21）的"几个孩子"是无定的，前边可以加"有"。

有时对施事主语的选择有灵活性，如：

(22) 他的嘴巴不停地说着

(23) 他压不低的嗓门说道

(24) 他不停地说

例（22）至（24）的施事主语可选用不同的词，但意思是一样的。

下边句子的主语和"正规"的施事主语比较，好像是相同的，但却不是动作的发出者：

（25）我在服装店裁了两条裤子

（26）他理了一个平头

（27）他在农村盖了几间房

前边指出，话题主语特征是贫乏的。但是施事主语却有不少内容值得分析。

在本书其他各章的讨论中，大多是以"施事主语＋动词＋宾语"这一句形式为基础进行的。

6. 大中心和小中心

句的大中心是指全句的中心，一般是指中心语动词。小中心是指句中做主语、宾语的"定中"语中心（名词中心）、"状动"语中心、"动补"语中心。动词既可以是大中心（句中心），也可以是小中心（"语"中心）。

句，是围绕着这两个中心构建起来的。

有"中心"，当然就会有"非中心"。"非中心"是状语、定语和补语。中心词虽是中心，但它只是个单词，挺单薄，无法满足句的多侧面表达，只有加上"非中心"，句才能完成多侧面表达，才能丰满。

比如状语，可以从多方面描写、显示中心语（动词）的动作状态，如：

（28）他哆哆嗦嗦地伸出手去拿东西

（29）河水急剧上涨

（30）他疑惑地看着大家

（31）贫穷永远离开了这里

（32）为人民服务

（33）我的确很生气

（34）他比我强

（35）我马上走

（36）有计划、有步骤地发展

再比如定语也可以从多方面描写、显示中心语（名词）的状况，如：

（37）非常重要的文件

（38）两份文件

（39）工会的文件

（40）蓝颜色的文件

（41）上边发下来的文件

（42）以前的文件

（43）他交给我的文件

（44）刚印好的正在装订的很快就要发往各单位的文件

"中心"加上"非中心"，句，便充实起来。

7. 句成分的整合力

7.1 这是说，句成分都有各自的句法位置和句法功能，充当它的词语应该符合它所特有的功能的要求。

比如主语和宾语，一个是被描述的对象、动作行为的发出者，一个是动作行为的涉及者。它们的这种位置功能，要求充当它们的主要应该是名词性成分，实际上充当主语和宾语的一般也都是名词或人称代词。这样，主语和宾语的位置功能便具有了名词性的性质，这便产生了相应的"整合力"。

充当主语和宾语的，还可以是其他词语，比如动词短语，如：

（45）多听、多说，对提高外语水平有好处

（46）赋诗、作画在他的生活里占了很多的时间

（47）我负责整理档案

（48）我忘了是否邀请过他

例（45）（46）是动词短语做主语，例（47）（48）是动词短语做宾语。在这里，它们都可以用"什么"来提问，如：

什么对提高外语水平有好处？

什么在他的生活里占了很多的时间？

你负责什么？

你忘了什么？

用"什么"提问是对句中名词性成分的提问方式，如："什么好看？""你买什么？"对例（45）至（48）也这样提问，说明动词短语做主语、宾语时，受到了句法位置的"整合"，具有了名词性。

7.2 在句中，中心语动词前边是状语，后边是补语。这种以动词为中心前状后补的格局，也具有"整合力"。如：

（49）他摇着头唱着

（50）大臣们哆嗦着回答

（51）你讲话要注意点

（52）他们靠着墙根儿躺着

（53）你买这个吃亏了

（54）他救人掉下沟去了

（55）你快去那里报信吧

例（49）至（54）前边的动词短语都可以放入介词构成的短语框架，如例（49）可以放入"用____方式"，例（50）可以放入"在____状态下"，例（51）可以放入"在____的时候"，例（52）可以放入"在____地方"，例（53）可以放入"在____方面"，例（54）可以放入"为____"，而例（55）后边的动词短语可以放入"为____"。这说明，它们的作用相当于介词短语的作用（状语或补语的作用）。

可见，例（49）至（55）虽有两个动词短语，但是其结构关系还是按照单动句的方式。一般说的"连动句"都可以按这样的关系方式来观察分析。

可以看出，单动词句的关系模式是富有规则性的，有较强的整合力。这就是说，双动词句中一个动词短语是主要的，是中心；而另一个动词短语，相当于介词短语，或者是位于前边起状语的作用，或者是位于后边起补语的作用，都是辅助性的，二者不是平等的。

7.3 下边分析一下"兼语"句内在的关系，进一步观察这种情况。"兼语"句的后段也是起补语作用的。

所谓"兼语"，一般是说，在句子的中间有一种成分，它既是前边动词的宾语，也是后边动词的主语，一身兼二任，所以是"兼语"。比如下边例（56）的"他"、例（57）的"老刘"便是"兼语"：

(56) 我请他帮忙

(57) 他逼老刘参加比赛

例句里的"他"是"请"的宾语，又是"帮忙"的主语，"老刘"是"逼"的宾语，又是"参加比赛"的主语，所以它们都是"兼语"。

如果只从结构上来分析，所谓的"兼语"实际上是不存在的，就是说在语句里并不存在既是主语又是宾语这样一身兼二任的成分。所谓的"兼语"，只能是前边动词的宾语，而不能同时又是后边动词的主语。

首先，从针对"兼语"的提问和答问形式来看，试比较下边针对"兼语"的答句：

(58) 他逼谁参加比赛？

——他逼老刘参加比赛。

——他逼老刘。

——老刘。

——？老刘参加比赛。

上边的问句是特指问，所特指的便是"兼语"。答句中前边的三句都能成立（注意：第二个答句里的"老刘"当然只能是前边动词的宾语），唯独第四句在这里作为答句不能成立。而第四句恰恰是"兼语"充当主语而和后边的动词短语构成的一个主谓句。这里的答句成立与否的情况说明,所谓的"兼语"不能是后边动词语的主语,而只能是前边动词的宾语。

其次,从有定和无定来看。在汉语里边,主语往往是有定的,而宾语往往是无定的。所谓的"兼语"常常是无定形式,如:

(59)他请了几个人来帮忙

(60)他逼着一个人打开自己的手提箱

这里的"几个人""一个人"都是"兼语",而且是无定形式。这种无定形式也可以帮助说明它们是宾语,而不是主语。

再次,从用"把"移位来看,试比较下边的例句:

(61)我请小李(*我把小李请)

(62)我请小李来(我把小李请来)

(63)我请小李看电影(*我把小李请看电影)

(64)我请小李来看电影(我把小李请来看电影)

上边例(61)(62)都是一般动词句,而例(63)(64)则都是"兼语"句。例(61)和例(62)的不同是例(62)的"小李"的后边有趋向成分"来",而例(63)和例(64)的不同也是例(64)的"小李"后边有趋向成分"来"。例句后边括号里边的是各句相应的"把"句。可以看出来,有趋向成分的,可以有相应的"把"句,而没有趋向成分的,则没有相应的"把"句。

在汉语里边,只有宾语才可以用"把"移位提前(带趋向成分是用"把"移位的条件之一)。例(61)和例(63)的"小李"之所以不能用"把"提前,是因为没有趋向成分"来",而例(62)和例(64)里的"小李"之所以可以用"把"提前,是因为有趋向成分"来"。可见，它们的情况是完全一样的。例（61）和例（62）里的"小李"当然是宾语，那么，例（63）和例（64）里的"小李"也应该是宾语，应该做同样的处理。

可见，从结构上来分析，所谓的"兼语"是不存在的。上边的讨论说明，一般说的"兼语"，只能是前边动词的宾语，而不能同时又是后边动词的主语。例（56）后边的"帮忙"，例（57）后边的"参加比赛"起一种补充作用（相当于补语），前边的"（我）请他"和"（他）逼老刘"应该是句的中心部分。

8. 句法综合形式

8.1 句法"单一"形式和句法"综合"形式

句法单一形式是指：它的结构形式是单一的，所表示的意思也是单一的；句法综合形式是指：它的结构形式可能是由两种单一形式"加合"（或"压缩"）而形成的，它所表示的意思也可能是由两种句意思"加合"（"压缩"）而形成的。单一形式是和综合形式相对而言的，可做比较。

单一形式如：

（65）哥哥看书

例（65）是由"哥哥"、动词"看"、名词"书"，按照"主语+谓语（中心语）+宾语"这一语法形式排列起来，它是个普通单句，结构形式单一，表达的意思单一，好理解。可以说，单一形式是句成分简单"拼合"而成的。

下边着重讨论"综合形式"。

8.2 讨论三种综合形式及其变化状况

8.2.1 加合式

试看下边的例子：

（66）他踢了（我）两脚

（67）我捅了（他）一指头

（68）他抽了（牲口）三鞭子

这是动量词做补语的句子，如例（66）是动量词"两脚"做动词"踢"的补语，例（68）是动量词"三鞭子"做动词"抽"的补语。这里的动量补语都是综合性的，可用如下方式显示：

他踢了两脚 =（他踢）+ {用脚} + {两下}

他抽了三鞭子 =（他抽）+ {用鞭子} + {三下}

可见，原句中的动量短语是由两个内容形式加合而形成的。这就是加合式，它使结构显得简练而有形象色彩。和例（66）至例（68）相对应的分析形式（也是单一形式）是：

（69）他用脚踢了我两下

（70）我用指头捅了他一下

（71）他用鞭子抽了牲口三下

8.2.2 跨跳式

试看下边的例子：

（72）他们又在敲我们呢，你轻一点吧！

"敲"的词义是：在物体上面打，使发出声音。难道例（72）表达的意思是"他们"在"我们"身上打而使发出声音吗？当然不是这个意思。

在楼房里住，如果上边的一层有硬东西碰撞了地板，便会影响到下边的一层住户,当下边的一层忍受不了时,便会敲打暖气管道以警告上边的一层。例(72)便是住在上边一层的住户听到住在下边一层的敲打警告时说的。例(72)的关系如下图:

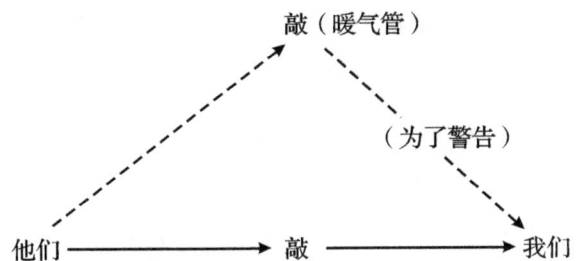

图中向上、向下的虚线显示的是"完全"意思的表达,而直线则显示了"跨跳"简略的表达。

例(72)的句式是一种综合形式,既简练而又幽默。再看:

(73)我擦萝卜丝儿

(74)他们堆雪人儿

(75)姐姐剪了一个鞋样儿

(76)老母鸡孵小鸡儿

(77)我们揉馒头

它们的关系如下图[以例(73)为例]。和上图不同,此图向下的虚线显示的意思是"结果成为"(产生结果)。

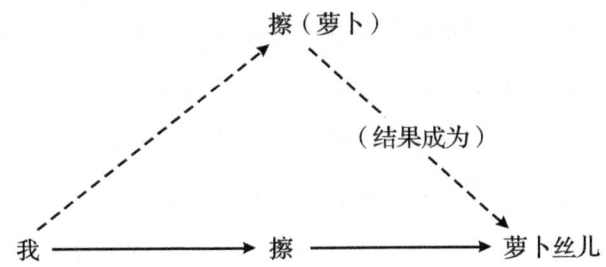

8.2.3 重组式

汉语的"动补"格式是一种比较典型的采用综合形式的句式，它的内部有各种不同的关系，但都综合为一个简练的单句形式表达。先看下边的一组例句：

（78）姐姐急哭了

（79）孙悟空打赢了铁扇公主

（80）大风吹弯了路旁的树木

例（78）的前边是形容词"急"，后边的"补"是动词"哭"；例（79）前边是及物动词"打"，后边的"补"是及物动词"赢"；例（80）前边是动词"吹"，后边的"补"是形容词"弯"。

可见这里充任"动"和"补"的词的词性有不同，但是却构成了共同的动补式。它们相对应的分析形式是：

（81）姐姐急 + ｛致使｝姐姐哭

（82）孙悟空打铁扇公主 + ｛结果｝孙悟空赢铁扇公主

（83）大风吹路旁的树木 + ｛致使｝路旁的树木弯

分析式显示了例（78）至（80）综合式表达的"完全"内容。

从分析式的角度看，也可以把例（78）至例（80）的综合式看成是由相对应的分析式（也是单一式）压缩重组而来的，"压缩"促成了简练，"重组"是结构形式有了质的变化。比如分析式例（83）重组为综合式例（80）的过程是：例（83）前句的"大风"成为例（80）的主语，后句的主语"路旁的树木"成为例（80）里的宾语（致使），例（83）前句里的"吹"成为例（80）里的谓语中心语，例（83）后句里的"弯"成为例（80）的补语。

第四章 句

综合式的这种"综合"显示了汉语独有的特点,言简意赅,是语言发展提高、精练的一种形式,体现了一种思维智慧的运作。

综合形式的"线索"是明白的,内在联系是清楚的。比如"擦萝卜丝",这似乎不合逻辑,但是,"萝卜丝"和"萝卜"的联系是明显的,后者是前者的原料,前者是后者的成品(经过"擦"的动作而成)。

9. 复单句

复单句是指,复句性质的单句。有两类,一类是"紧缩型"的,如本章第三节所讨论的;一类是"综合型"的,如上边第8小节所讨论的。

10. 句成分淡化

有少数较为特别的句式,也可以用主语、宾语这样的句成分来分析,但是不必过于执着。比如"存在句"(树底下坐着几个老人),和普通句式比较,它很特别,似乎只要对它的结构格式分析清楚即可:这种句式的前段是处所词语,后段常是无定的名词语,中段的动词常带"着",表示静态存在。

11. 句的立体性

句显示出立体性。

首先,形成两种关系建构,各按一定的顺序排列,显示出各成分的位次及其关系。

其次,它的构成成分有强弱之分,有的显示为强势,有的显示为弱势;它的构成成分又显示出有主干句成分和非主干句成分之分,前者是基础性的,后者是非基础性的;又显示出有可控和不可控之分；又显示出多样的修辞功能，添加了生动性；它又通过不同的组合形式，显示出情感语气；它又处在变化中。所以，应该多层面观察、分析。

12. 词和句

一般常说，句是由词组成的，或说词组成句。其实这样说还不够完全。词，要经过升华，"穿上"句成分的"外衣"，在句成分的"领导"下，才能完成组合的过程。我们说"动词谓语""名词宾语""代词充当主语"，等等，可见，词只有和句成分结合，才能起到"组句"的作用。

13. 句联系

句（单句）和句可以相互联系，首先是形成复句。复句的明显特征是，用连词和关连词相联系，形成如下的形式：

因为……，所以……。

虽然……，但是……。

只要……，就……。

如果……，就……。

即使……，也……。

与其……，不如……。

无论……，也……。

这是结构的联系，是语法研究要注意的。再往上便是句群和句群的联系，当然，这也应该研究，但似乎和语法（语言结构的"法"）的研究远一些了。

第四章 句

第二节 说句类

1. 句，是语法的重心。

它蕴涵着语法的主要内容、主要信息，丰富多样。它体现着句成分的类信息、各样的单位选择搭配的关系信息，也显示出词类的类信息。

把句结构的情况理顺，把问题分析清楚，是语法分析的主要目的所在。

那么，工作如何进行呢？在第一章第一节中我们曾指出，层层分类的方法，是深入揭示汉语语法构造的主要选择。对句来说，也是如此。

词有词类，句有句类。给词分类是为了认识词，给句分类是为了进一步认识句。给词分类要建立词类系统，给句分类要建立句类系统，共同展现语法的系统。

2. 如何观察句分类

第一，我们要按照句成分的类和词类相结合的原则来观察句分类，即：既要根据句成分类的情况，也要根据充当句成分的实词类的情况。比如我们分出的第一层级的句类是以下三种：

　　动词谓语句

　　形容词谓语句

　　名词谓语句

显示出实词类和句成分类相结合原则的区分。

第二，实词的分次类情况，主要是动词分次类的情况。

第三，句成分的特征情况，如主干句成分是否缺失（如：无宾句、无主句），句成分是否有特别要求（如：多指动词句要求主语指多数，非自主句里的名词语成分可以前后移位）。

第四，谓语是否包括多个动词短语。

第五，是否形成特别的句格式。

第六，句式变化（如移位、紧缩）。

第七，特有的句语义范畴。

3. 句分类

3.1 基本型句类

基本型句类是"初始"句类、基础句类。前边提到的基本的名谓句、动谓句、形谓句，属于此类。它是以句的主干句成分［主语、谓语（中心语）、宾语］的区别性特征为依据而区分出的句型类别。

词类中，动词类是最重要的。我们观察句的基本型分类，重点观察的是谓语，重点中的重点又是观察动词谓语。

在第三章第一节我们分出了 15 种主级动词次类，以它们为主干，也就形成了相对应的句的不同次类别，它们是动词句的基本型句类。

3.2 延展型句类

延展型句类是和基本型句类相对而言的，一个是基本的，一个是延伸、扩大而形成的。延展型句类主要有以下三大类：

句格式型

句语气结构型

句双动谓语型（复单句型）

3.3 标杆句类（普通句类）

标杆句类是句类的"标杆"，别的句类（特别句类）都以它为尺度来确立。这里讨论动词做谓语的标杆句类。动词标杆句类，是动词句类中最普通、最常见的，也是组合变化最自由的，它具有动词句可能有的组合变化形式。它最容易理解和掌握。

动词标杆句类有以下特征（系列性）：

第一，充当谓语中心语的是普通动词，它具有动词可能有的组合变化特征；

第二，其主语、宾语具有主语、宾语可能有的组合变化特征，如可以选择相对应的各种类词，可以选择相对应的定语，可以指单数或多数，可以省略；

第三，可以选择各种相对应的状语、补语。

标杆句类是基本型中最基本的。

3.4 特别句类

特别句类是和标杆句类（普通句类）相对而言的。和标杆句类相比较，特别句类在某些方面，有明显突出的区别，有的是在组合和变化方面的某些特征有限制，有的则具有和标杆句类相反的某些特别的特征，它能有，而标杆句类却不能有。特别句类类型比较多，可以说，标杆句类以外的句类，都可以算作特别句类。

研究特别句类很重要。特别句类可以显示出汉语语法的特色，只有把特别句类研究清楚，才能全面而深入地认识汉语句法的面貌。

4. 句类的层级

动词谓语句、形容词谓语句、名词谓语句是句类的第一层级。动词次类句是第二层级。依此还可以往下再分出层级。

4.1 动词次类型（基本型）

我们曾一再指出汉语的词类区分是和句法密切结合的，即：词类的区分要依据句法的特征进行。据此，我们把动词主级次类分为十几个类别，同时也就形成了句类别的主要部分。动词次类句的类型如下：

普通动词型

多指动词型

非自主动词型

"糊"类动词型

"揉"类动词型

"轮"类动词型

形式动词型

"遭"类动词型

"包括"类动词型

心理活动动词型

致使动词型

状态动词型

关系动词型

趋向动词型

第四章 句

内动词和外动词型

助动词型

离合动词型

这十七种类型主要是中心语动词类和其他句成分类选择搭配的不同状况所致的。比如主语是有还是无，是否要求指多数，是单主语还是双主语；是否有宾语，是单宾还是双宾；各成分是一般语序排列还是特别语序排列；句成分能否省略；是主动还是被动；等等。

下面我们重点论述关系动词型的"是"字型。动词"是"形成的句比较特别，需要单说。"是"比较抽象，比较虚，也不太安心于做句的中心语，位置比较灵活，如：

（1）你们是不是要去外地？

你们要去外地是不是？

是不是你们要去外地？

一般来说，"是"的功能主要是表示肯定的判断，而且是指等同关系，如：

（2）沙子龙是我的师傅

⟷我的师傅是沙子龙

（3）下星期五是我的生日

⟷我的生日是下星期五

但是，也有是表示非等同的情况，如：

（4）顾客多是短衣

→*短衣多是顾客

（5）桥下是好几丈深的大山洞

→ *好几丈深的大山洞是桥下

和例（2）（3）比较，例（4）（5）应该是反逻辑的。但是，也可以说这是一种非等同的判断，是对客观存在的某一种情况的判断。

"是"也常常离开句中心语位置，出现在其他位置。如：

位于状语前：

（6）我是第一次来这里

（7）他是明天离开这里

（8）他们是对你有意见

位于谓语中心语前边：

（9）他是怕你

（10）饭不是软，是硬

位于主语前边：

（11）是他拿走了我的书

（12）是猫就吃腥

位于前置宾语前边：

（13）是什么问题还在争论？

这些例句中的"是"主要是起强化（凸显）作用，强化（凸显）其后的成分，也可以说是强化判断。

4.2 双动谓语型（复单句型）

双动谓语型包含的主要句式有"连动句"和"兼语句"，这我们已在本章第一节做过讨论，可参见。另外还有下边三类句式：

4.2.1 同义双谓型

(14) 他点头同意了

(15) 车停住不走了

(16) 他就是闭着眼睛不看

例(14)至(16)句中的前后两个动词短语,分别同义。有互补性,也有强调作用。

4.2.2 句环套型

(17) 他送我们一人两本书

(18) 他请我们明天到他家里吃晚饭

(19) 蝴蝶被小孩把翅膀弄断了

例(17)是双宾语句(他送我们……书)和表"每"的数量语对应句(一人两本书)环套在一起,例(18)是兼语句(他请我们明天到他家里)和连动句(我们明天到他家里吃晚饭)环套在一起,例(19)是"被"字句和"把"字句环套在一起。

4.2.3 动、形连用型

甲组:

(20) (这箱子重,)你提着太累

(21) 我洗完了澡真舒服

乙组:

(22) 这箱子提着太重

(23) 这种苹果吃起来有点酸

这种句式表示做某种事后的一种感受。甲组谓语的两段联系同一个主语,乙组不是。

5. 句格式型

5.1 存在型：处所+动（着）+名。语义范畴：表示在某处存在着某种数量的事物或人，呈静态。

甲组：

(24) 桌子下边藏着一个人

(25) 隔壁住着两位老人

乙组：

(26) 墙上挂着一幅油画

(27) 靠左边摆着几把椅子

值得注意的是，存在型中的名词语，无论是施事性的还是受事性的，都位于动词的后边，这和一般动词句很不一样。

存在型表示一种客观描述，描述事物或人客观存在的静状态。这和主观描述是相对的，后者描述的是人的主观动作行为（如：我吃苹果）。主观描述的动词（动作）对施事、受事成分有主导性的支配、影响作用，而存在型里的动词则失去了这种作用，再加上存在型凸显存在的处所，其中的名词语常常又是无定的数量组合，于是便形成了存在型特别的语序排列。

5.2 隐现型：处所+动（趋向）+名。语义范畴：表示某处出现或消失某种数量的人或物，呈动态。

甲组：

(28) 迎面跑来几个孩子

(29) 从左边开来了一辆卡车

乙组：

(30) 我们这里又去了两个人

(31) 村子里死了一头牛

隐现型和存在型的语序排列相类似。隐现型显示的也是客观描述，描述客观突然发生的事情，多是眼前的。

5.3 遍指型：不定代词（"谁"等）+ 都（也）+ 动；不定代词（"谁"等）+ 都（也）+ 不（没）+ 动。语义范畴：表示普遍肯定（甲组），指出在一定范围内所有的对象都如何；或普遍否定（乙组），指出在一定范围内所有的对象都不（没）如何。

甲组：

(32) 谁都乐意帮助他

(33) 这里什么都好

乙组：

(34) 他们谁都不想去

(35) 什么（东西）也不便宜

不定代词和副词"都"（也）相配合而形成此型。

5.4 表"每"的数量语对应型：数量语 + 动 + 数量语；动 + 数量语,动 + 数量语。语义范畴：表"每"，用于分配、计算或动作的多次重复。

甲组：

(36) 一个人背一筐（主语 + 动词 + 宾语）

(37) 一个人去一次（主语 + 动词 + 补语）

(38) 一次去一个人（状语 + 动词 + 宾语）

(39) 一天干半天（状语 + 动词 + 补语）

乙组：

(40) 白头发有一根，拔一根

（41）管家斜着脸瞅着礼簿，掀一篇，念一篇

句中有两个数量语（无定），前后相对应。

这是一种很有特色的句式，它超越句子成分(甲组)和单句、复句（乙组）。

5.5 "把"字型：主语（施事）＋把＋名词语（受事）＋动

（42）他把书从书包里拿出来

（43）我不小心把杯子打了

5.6 "被"字型：主语（受事）＋被＋名词语（施事）＋动

（44）忽然，门被撞开了

（45）病人被医生救活了

"把"字句强化处置，"被"字句强化被动。它们都是受事成分移位变化而形成的。

5.7 双重否定型：

（46）我可没有不让他和你好

（47）我可没有不想还他

（48）他不会不去的

（49）事情很重要，你们不应该不管

（50）他不像什么都不知道

（51）我不是不知道，只是不能说

这种格式主要是起加重语气的作用。

6. 形容词谓语型

6.1 普通型

单个形容词做谓语要有一定条件：

(52) 屋里热，屋外凉（对比）

(53) 你住这一间，这一间干净（前边另有句）

(54) 那儿高，看得清楚（后边另有句）

(55) 哪家商场东西便宜？——东边那家便宜（回答）

另外，形容词中心语前边可以加各种程度副词。

6.2 多指形容词型

(56) 这几个字比较近似

(57) 大家的意见一致

(58) 图书馆的书齐全

(59) 一家人一直和睦

(60) 大家很亲密

(61) 我和他们合得来

这一类形容词一般表示相同、量大、亲热、和好等。

6.3 含"对"介词短语型

充当谓语中心语的形容词要求前边有"对"介词短语。如：

(62) 店员对顾客挺和气

(63) 他对客人不太礼貌

(64) 新鲜空气对健康有益

(65) 这种情况对我们不利

(66) 我对这条路比较熟

这一类形容词一般是表示对待的态度、引起的效果、是否熟悉等。

6.4 指动型

充当谓语中心语的形容词要求前边有动词短语。如：

(67) 你让他去处理不妥当

(68) 红花配绿叶很合适

(69) 这么做不太保险

(70) 他投篮很准

(71) 病人走路比较吃力

(72) 他们招待客人很周到

这一类形容词一般是表示稳妥及某种状态等的。

6.5 动态型

表示动态变化的（见第二章第一节）。

6.6 比较型

甲组：X 比 Y + 形

(73) 这里比那里干净

(74) 他起床比我早

乙组：X 有 Y + （那么/这么）形；X 没有 Y + （那么/这么）形

(75) 他有你高了（"他"达到了"你"的高度）

(76) 这里有那里那么热闹了

(77) 他没有你高（"他"没有达到"你"的高度，你高他矮）

(78) 这里没有那里那么热闹

丙组：X 跟 Y + 一样

(79) 你提的意见跟他提的一样重要

(80) 这床被子跟那床一样厚

丁组：X 不如 Y 形

　　（81）外屋不如里屋亮（里屋亮）

　　（82）在外不如在家好（在家好）

戊组：X 不比 Y 形

　　（83）我不比他胖

　　（84）他的能力不比我差

甲组最常用。丙组是表示等同，乙组的例（75）（76）也可以说是表示一种等同，这两种形式应该是对甲组的一种补充，因为甲组表示的比较双方一定有差别，而不包括等同。丁组是从另一个侧面观察，它有可能改用甲组形式。戊组并不是"X 比 Y 形"的否定式，是表示：X 和 Y 差不多（或相同或有一点偏差）。

7. 主谓谓语型（分裂型）

甲组：

　　（85）我（的）头疼

　　（86）大伙（的）干劲挺大

比较：

　　（87）我有点儿头疼

　　（88）大伙今天干劲挺大

乙组：

　　（89）这篇小说（的）作者是个农村青年

　　（90）这几个大院（的）每一家都获得了卫生奖旗

比较：

　　（91）这篇小说好像作者是个农村青年

(92) 这几个大院经检查后每一家都获得了卫生奖旗

甲组例（85）（86）和乙组例（89）（90）可以分析为名词短语（名词加定语）做主语的一般主谓句，而它们分别相对应的例（87）（88）和例（91）（92），则分裂为主谓谓语句（主谓短语做谓语句），因为例（87）（88）（91）句里主语的后边分别加有"有点儿""今天""好像"，例（92）"这几个大院"后边有"经检查后"，所以它们只能做主谓谓语句分析。"有点儿""今天"等使原来的名词偏正短语分裂开来。

8. 名词谓语句（和"是"字句、"有"句有纠葛）

甲组：

(93) 今天星期三

(94) 明天国庆

乙组：

(95) 老张东北人

(96) 王经理从外单位调来的

丙组：

(97) 舅舅两个孩子，一个男孩，一个女孩

(98) 一年十二个月

名词谓语句一般可以加上判断词"是"或"有"，转化为"是"字句或"有"字句。

9. 语气结构型

各种含不同语气的句子，不仅语气上不同，结构上也有种种不同的特征。试观察比较：

（99）你少来我这里！（用"少"）

（100）鸡蛋这么贵！（用"这么"）

（101）到现在还没回来，急人不急人？（急人）

（102）这证件已过期了，你说能用不能用？（不能用）

例（101）（102）形式相同，但例（101）取肯定的意思，例（102）取否定的意思。

（103）汽车不已经来了吗？（用"不"）

（104）身体不舒服，还逛什么街？（用"什么"）

（105）你为什么这么说？（用"为什么"）

第三节　句式变换

0. 概说

0.1　句式显示为两种样式

A. 句结构组织

句成分静态选择搭配方式及之间的关系状况。

B. 句变化

句式变化主要有三类：省略变化、移位变化、紧缩变化。

省略变化是，在适合条件下，句式成分隐去而出现空缺，使句式少了点什么。

移位变化是，在适合条件下，句成分从一个位置移位到另一个位置，"色彩"上有些变化，而实际的表达却没有变化。

紧缩变化是，句从较长的变化为较短的，虽"小"了不少，但对实际的表达并没有什么影响。

语言处在交际中、交流中,它是动态的,是"活"的。变化,是必然的。你看飘动的浮云,不会是一个样子的。

0.2 变化的依据

经济原则。期望省时省力,略去"多余"。

语境凭借。语境已经"说"出来了,何必再去重复。

情感作用。引导强势、弱势相间。

结构促使。结构也会促使显示出强势、弱势。

0.3 平常句和变化句

平常句(常句)是处于"正常"状态的句,变化句(变句)是处于变化状态的句。

所谓"正常",基于以下两方面的理由:

A. 符合逻辑思维方式的要求;

B. 符合人的一般认识的要求。

试比较:

    a. 主语(施事)+动+宾语(例:他拉车)

    b. 宾语+主语(施事)+动(例:车他拉)

    c. 宾语+动+主语(施事)(例:车拉他)

a 项是符合逻辑思维方式顺序的要求的:动作发出者→动作→动作接受者,a 项也符合人的一般认识的要求。从一般语法书举例讨论来看,a 项作为平常句(常句),有较广泛的共识。

b 项有变化,不太符合"平常(正常)"。

c 项是负符合,不能成立。

所以，a项是平常句，b项是变化句。

0.4 人类创造语言，让一个个的语言单位串联起来，这些单位既相互密切联系，又有相对的独立性，这种独立性，便使它们蕴涵着"变化"的可能性。可见，"变化"预先已有设计。

语法构造绝不只是一些干巴巴的框架和符号，它充满着生气。而这，也能通过句式变化显示出来。

变化，让结构形式多样化，丰富多彩。

变化，让表述重点突出，增强表达的效果。

变化，让句式简练。

1. 省略

1.1 省略是语言简化的重要手段

"省略"的连续出现，使语言显得简练，表达重点凸显、省力，实现满意的交流目的。一个简单的"主+动+宾"式可以有五种省略形式：

(1) 他踢足球

(2) [他] 踢足球（省主语）

(3) [他踢] 足球（省去主语、动词）

(4) 他踢 [足球]（省去宾语）

(5) 他 [踢足球]（省去动词、宾语）

(6) [他] 踢 [足球]（省去主语、宾语）

例（2）可以是回答"他在干什么?"例（3）可以是回答"他在踢什么?"例（4）可以是回答"他踢足球吗?"例（5）可以是回答"谁踢足球?"例（6）可以是回答"他踢不踢足球?"。

在第一章"总说"的"引子"部分我们举了一个"比"句省略的例子,下边再举几个其他例子:

(7) 她的衣服比你的衣服漂亮

她的衣服比你的 [   ] 漂亮

她的 [   ] 比你的 [   ] 漂亮

例(7)中,两个偏正短语的中心语用词相同,定语用词不同,于是中心语可以逐级省去。

(8) 她的上衣比她的裙子漂亮

她的上衣比 [   ] 裙子漂亮

[   ] 上衣比 [   ] 裙子漂亮

例(8)中,两个偏正短语的定语用词相同,中心语用词不同,于是定语可以逐级省去。

(9) 我捡的石头比他捡的石头多

我捡的石头比他捡的 [   ] 多

我捡的石头比他 [   ][   ] 多

我 [   ][   ] 比他 [   ][   ] 多

例(9)中,比较项的定语是主谓短语,除两个主谓短语中的主语("我"和"他")不同外,其他部分用词都相同,于是其他部分可以逐级省去。

(10) 你调到天津比你调到北京容易

你调到天津比 [   ] 调到北京容易

你调到天津比 [   ][   ] 北京容易

[   ][   ] 天津比 [   ][   ] 北京容易

例（10）中，两个主谓短语中的宾语（"天津"和"北京"）不同，其他部分用词都相同，于是其他部分可以逐级省去。

（11）你现在调到北京比你以后调到北京容易

你现在调到北京比[　　]以后调到北京容易

你现在调到北京比[　　]以后[　　]容易

[　　]现在[　　]比以后[　　]容易

例（11）中，两个主谓短语中的状语（"现在"和"以后"）不同，其他部分用词都相同，于是其他部分可以逐级省去。

从以上描写可见，在"比"字句里，比较项里的相同部分，可以省去一个词、两个词……以至全都省去。实际语言中的"比"字句，其中相当一部分，都是由上边讨论的两种格式（比较项是偏正短语和主谓短语的），采用相同部分逐级省略而来的。

可见，省略是灵活的，也是有规则的和多样的，常常也是比较充分的，尽可能使语言显得简练。

有的省略显得"可笑"而不合逻辑，但口语里是可能存在的。如：

他［的佣人］是个日本女人

你［的鞋］也破了

你［的小松树］要死了找我（赵元任《汉语口语语法》，吕叔湘译）

作者认为，句中方括号里的词是可以不说出来的。

1.2 背景省略和结构省略

背景省略包括两个方面：语境背景和知识背景。语境背景是：

语言交流当时所处的对交流有影响的场景状况。例如：

(12) ［大家吃］完了［饭］，［我们］收拾吧

(13) ［爷爷］吃鱼

(14) ［我要吃］豆腐

这是在就餐时，交谈中可能被略化的句子（方括号表示可略去）。

(15) ［我］买 38 号皮鞋

(16) ［这是］38 号

(17) ［我］不买［鞋］了

这是在购物交谈中，可能被略化的句子。

知识背景是指：交谈者在交谈发生前双方所掌握的"知识"信息。如：

(18) ［你］还没去［上海］？

这是甲方见到乙方的问话。知识背景是：甲方事前已知道乙方要去上海。

(19) ［货］到［车站］了

甲方见到乙方后如此说，省去了主语"货"和宾语"车站"。知识背景是：甲方事前已知道"货"快要运到车站了。

结构省略是指：句式本身在结构上具有某种特别的构造方式，而使某个或某几个成分显示为强势成分，而其他则相对显示为弱势成分。弱势成分有可能被略去，形成空位。如：

(20) 一个人［拿］两个（，不能多）

(21) 一趟［拉］100 公斤

(22) 这里［过］七天，［有］一个大集，［过］三天，［有］一个小集

以上句子里的谓语动词（拿、拉、过、有）都有可能被省去。这是因为，这些句子里都有两个相对应的数量短语，比如例（20）是"一个人"和"两个"相对应，例（21）是"一趟"和"100公斤"相对应，例（22）是"七天"和"一个大集"、"三天"和"一个小集"相对应。这种句式相对应的两个数量短语是强势成分，相比较，谓语动词则处于弱势状态，所以它们都有可能被省去。

1.3 复杂句和简单句

复杂句是指：句成分全出现而"齐全"的句子。

简单句是指：句成分少（未全出现）而又自足的句子。如：

(23) 以前我们曾经在这家商店里买过好几次不同款式的衣服

(24) 我们买衣服

例（23）是复杂句。它除了有主语（我们）、动词（买）、宾语（衣服）外，还有状语（以前、曾经、在这家商店里）、补语（好几次）、定语（不同款式的）。例（24）是简单句。它只有主语、动词、宾语。

但是我们不能说，例（24）是例（23）的省略句，是分别省去了状语、补语、定语等。这是因为，状语、补语、定语等不是句子的必有成分，它们可以有，也可以没有，有，是"正常"的，没有，也是"正常"的，所以它不存在省略的问题。

1.4 完全句和省略句,必有成分和可有成分

完全句和省略句是相对而言的。完全句是指:句子里的必有成分是齐全的,没有出现空位。

省略句是指:句子里的必有成分是不齐全的,出现了空位。

必有成分是指:句子里应该有而必须有的成分。

可有成分是指:句子里可以有也可以没有的成分。

再以"我买衣服"为例,它是完全句。这是因为,它有主语、谓语中心语动词、宾语,它们是句子的必有成分,是应该有,必须有的,没有它们便会觉得句子不完全。如果只说"买衣服",不说出主语,别人便会问"谁买衣服?"因为你没有表达清楚,不完全;如果只说"我买",别人也会问"你买什么?"因为也是表达不完全。

所以在一般动词谓语句里,主语、谓语中心语、宾语是必有成分,其他的则是可有成分。我们讨论语句的省略问题,常常是指必有成分是否省略。我们说省略了主语,省略了宾语,而一般不说省略了定语,省略了状语。

1.5 介词的弱化

介词多是由动词虚化而来的。它似乎在进一步弱化,常略而不现。如:

(25) 已经放[在]桌上了

(26) 我们将飞[往]上海

句中介词"在""往"常可被省去。这里,人们关心的是动作(动词)和相关联的对象(宾语),介词则成为可有可无的。

第四章 句

谓语动词前边介词短语里的介词也经常可以被略去。比较下边两组例句：

甲组：

(27) 对儿子所做的工作，他不反对，也不过问

(28) 对某人应与某人编在一组，他仔细地安排，使各组的人都能刚柔相济

乙组：

(29) 难道[　]这事儿，他还看不清楚，认不准吗？

(30) [　]那个家伙我越想越怀疑

(31) [　]这个问题，恐怕各人有各人的看法

(32) [　]这门亲事，原本他们就没安好心

上边甲组例句里标有着重号的词语的前边有介词"对"，但是可以略去，如：儿子所做的工作，他不反对，也不过问／某人应与某人编在一组，他仔细地安排，使各组的人都能刚柔相济。乙组例句标有方括号的位置上都略去了介词"对"，也都可以添上，如：难道对这事儿，他还能看不清，认不准吗？／对那个家伙我越想越怀疑。

下边例句里方括号里的介词"从"可以保留，也可以略去：

(33) [从]你来了之后，你连个好脸儿都没给过我

(34) [从]这时候起，村里的人们就知道他改了名字了

(35) [从]高中毕业回乡以后，她不止一次偷偷地写过入党申请书

下边例句里方括号里的介词"为（了）"可以保留，也可以

203

略去：

(36) [为了] 这件事情我找过不少人，可还是没解决

(37) [为了] 这几间房子我跑了一个下午

下边例句里方括号里的介词"用"可以保留，也可以略去：

(38) 那老鼠洞是个填不满的坑，[用] 一壶水、[用] 十壶水也灌不出它来

(39) [用] 千担河水，我也洗不清自己

介词的略去往往和介词短语在句子里的位置相关。当介词短语位于主语前边时，其中的介词常常可以略去，位于主语后边时，介词则常常不能略去。前边所举的例（30）（32）（33）（37）里的介词短语都位于主语的前边，其中的介词都可以略去，如果把这些短语移位到主语的后边，则要保留介词。比较：

我对那个家伙越想越怀疑（*我那个家伙越想越怀疑）

原本他们对这门亲事就没安好心（*原本他们这门亲事就没安好心）

你从你来了之后连个好脸儿都没有给过我（*你你来了之后连个好脸儿都没有给过我）

我为了这几间房子跑了一个下午（?我这几间房子跑了一个下午）

1.6 回归填补

既然是省略，就可能有填补。

省略是句中必有成分被省去而形成空位。被省略的词语虽然听不见、看不见，但却存在于交谈人的意识里，留有"印记"，只是

由于条件的"帮忙",临时隐去而已,交谈者双方心里都明白。所以,它们可以随时"蹦"出来,而填补空位。我们谈到省略形式,常常是句子里的主语和宾语的省略。下边的句子里是省去了主语或宾语的:

(40) 她丈夫是个挺爽直可爱的人,[她丈夫]一定要请我们吃饭。我们怕他太费事,[我们]要走,他非留我们不可,[他]说不吃就是看不起他。我们没法子,[我们]只好领他的情。[我们]那顿饭吃得真香啊!(田汉《丽人行》)

(41) 方:我自己去埋[这个镯子]?那我一天得去刨出三遍[这个镯子]来,准露了馅儿!给你[这个镯子]!想起来了,顶好[把这个镯子]藏到棚上去!凤:[这个镯子]放在棚上,万一叫耗子拉去[这个镯子]呢?(老舍《方珍珠》)

例(40)和例(41)标有方括号的,都是在原文中被省略了的,例(40)被省略的是主语,例(41)被省略的都是宾语。例(40)共有九个单句,其中有四句保留了主语,有五句则省去了主语;例(41)共有八个单句,其中的六个宾语被省去了,可见汉语句子里的主语、宾语是常常可以省去的。但是,被省去的部分,常常都可以比较准确地填补出来,如上边例子中方括号里所显示出来的。

承前省略主语、宾语的句子也可以被另一个句子或几个句子隔开。如:

(42) 那天我原想跟你们一道去送刘金妹的,贝贝回来了,[我]没有去成。(田汉《丽人行》)

(43) 珠：这是个假的！方：真的呢？倒贴给谁啦？珠：真的我给了爸爸，卖点钱过日子！方：你的心眼还怪不错呢！[把那个假的] 拿来，我看看 [那个假的]！（老舍《方珍珠》）

例（42）是第三句承接第一句省去了主语"我"，中间被"贝贝回来了"隔开，例（43）则是最后两个句子承接第一句省去了宾语"那个假的"，中间却被好几个句子隔开，但是也还是可以比较准确地被填补出来。但是有时候却不能准确地填补出来。如：

(44) 那天还承她老远地带了礼物来看你友哥和我。可惜你不在家，不然 [　] 倒可以跟她多谈谈家里的事，[　] 想个什么长远的办法（田汉《丽人行》）

(45) 爹！你不用管！[　] 送 [　] 到哪里 [　] 也不犯法！我不怕他！（《赵树理文集》一）

例（44）是省去了主语的，其中第一个方括号里可以填写"你"，也可以填写"我们"；第二个方括号里可以填写"你和她"，也可以填写"我们和她"。例（45）是从赵树理的《小二黑结婚》里引来的，例句里边的"我"指"小二黑"，"他"指金旺。例句里第一个方括号里可以填写"他"或"金旺"，也可以填写"他们"，第二个和第三个方括号可以填写"我"，也可以填写"我们"（指小二黑和小芹），这里尽管在被省略的位置上不能很准确地填写上某个词，但是句子的意思却是清楚的。这是因为，不管填写哪个词，都和句子所表达的意思是一致的。

承前省略时，如果前边句子里的那个成分是无定的，被省略的位置上要填写的成分则必须是有定的。例如：

（46）车站上，纱厂里，还有许多粮食，东西。我们不能给敌人留着［　　］。马上就去焚毁［　　］！(《老舍文集》三)

（47）有张小支票，明天才到期，我现在等着用钱，老板给我兑一兑［　　］。(老舍《方珍珠》)

例（46）（47）里标有方括号的都是承前省去了宾语。例（46）承前的那个成分是"许多粮食，东西"，例（47）承前的那个成分是"（一）张小支票"，它们都是无定的。例（46）省略的位置上只能填写上"这些粮食，东西"，而不能填写"许多粮食，东西"；例（47）省略的位置上只能填写"这张小支票"，而不能填写"一张小支票"。

省略的宾语要填上时，也可以用"把"提前，如例（47）可改为"老板给我兑一兑这张小支票"或"老板给我把这张小支票兑一兑"，后者更常用。

1.7　名词性偏正短语里的中心语的省略，如：

（48）这屯没有，去斗外屯呗（周立波《暴风骤雨》）

　　（比较：……去斗外屯的地主）

（49）收拾屋子的时候，听着点孩子，醒了抱抱他

　　（比较：……听着点孩子的动静）

例（48）（49）从字面上来看，不好理解，"外屯"是表处所的，怎么能"斗"呢？"孩子"不是收音机又怎么能"听"呢？从括号里的比较可见，这里实际上是省去了中心语"地主""动静"。

1.8　连动句、兼语句的省略。

（50）这件事，还是你去吧！

(比较：这件事，还是你去处理吧)

(51) 这项工作，你另找人吧！

(比较：这项工作，你另找人负责吧！)

(52) 我家里的事也不得不麻烦您了！

(比较：我家里的事也不得不麻烦您照顾了！)

这里的句子从语义关系来看，是不好理解的，如例（50）的"这件事"和"你去"是什么语义关系呢？例（51）的"这项工作"和"你另找人"，例（52）的"我家里的事"和"也不得不麻烦您了"又都是什么语义关系呢？不好解释。

从和例句后边括号里的句子比较来看，如果把例（50）至例（52）分析为是分别省去了"处理""负责""照顾"，不失为一种处理方法。如果分别补写上"处理""负责""照顾"，例（50）便是连动句，例（51）（52）则是兼语句，这说明，连动句型和兼语句型第二个动词有时也可以省去。这当然是有条件的，第二个动词限于是"处理""完成""照顾""承担"等部分意思相近的动词。

1.9 从以上的讨论可见，汉语语法里的省略，是比较广泛的、经常的。这说明，汉语是讲究实效而不讲究形式主义的，它充分利用语境（上下文）所提供的信息条件以及某些句式结构提供的省略可能性，尽可能地省去句子里表达次要信息的语词，而保留表达主要信息的语词，使语句显得简练而重点突出。再看下例：

(53) 一个红灯，一下子排到了崇文门

这是一个汽车司机说的话。它的完整表述应是：汽车在（北京）东单碰到了一个红灯，南来的汽车很多从东单一下子排到了崇文门。但是这位汽车司机并没有如此表述，而是利用了当时的语境，采用了例（53）的表述形式，而在场的人也都听得很明白。可见，说汉语的人很善于突出主要信息部分，而略去次要信息部分。

2. 移位

2.1 受事成分移位

A. 变化条件

a. 变化前后句中所用的实词不变。

b. 变化前后句表达的意思（内容）不变。

c. 变化前后句内各实词之间的关系范畴不变。

B. 描写用语

a. 不可移位句和可移位句

不可移位句如：光荣属于大家。下边所描写的都是可移位句。

b. 始发移位式：移位变化起始的句式。

c. 变换轴心

移位变化是围绕着一定的轴心成分进行的。变化轴心有：谓语中心动词、主语，"主语＋谓语中心动词"。宾语也可充当。

C. 有定、无定规则

在汉语里边，受事成分的语序位置是最不稳定的，它常位于谓语动词的后边，但也经常移位于句首（施事主语前）。这和有定、无定有关。如：

甲组：

　　（54）他卖了衣服了

　　（55）他捡了钱包了

乙组：

（56）衣服他卖了

（57）钱包他捡了

甲组例句中的受事成分"衣服""钱包"位于谓语动词的后边，它们是无定的、不确指的；乙组例句里的"衣服"等位于句首，它们则是有定的、有所指的。乙组里的受事成分语义上相当于前边有某种定语的成分，如：

（58）那件衣服他卖了

（59）小王的钱包他捡了

表受事的数量名短语常常也是无定的，其中有的只能位于谓语动词的后边，比较：

（60）我买了一件衣服

　　　*一件衣服我买了

（61）她穿了一件花衣服

　　　*一件花衣服她穿了

当然，有定、无定对受事成分语序位置的制约，也并不是绝对的。比较下边的例句：

（62）我已经放过糖了，你喝吧

　　　糖我已经放过了，你喝吧

（63）他已经戒了酒了

　　　酒他已经戒了

在例（62）（63）里，受事成分语序上的不同显示不出有定和无定的区别。这里的受事成分不管位于谓语动词后边还是句首，都是无定的。

在"把"字句、"被"字句中,"把""被"的作用,实际上也是引导受事成分前移。"把"引导受事成分于动词前,"被"引导受事成分于句首。用"把"加重了处置作用,用"被"明显显示了被动。

D. 副词的制约作用

某些副词对受事成分的移位有限制作用。比如当谓语动词前边有"只""光""就"等限制范围的副词时,受事成分只能位于谓语动词的后边,而不能移位于前边,比较:

(64) 我只买帽子,不买别的

*帽子我只买,不买别的

(65) 他光吃这个菜,不吃别的

*这个菜他光吃,不吃别的

但是,当谓语动词前边是"全""都"等表示总括的副词时,受事成分则只能位于句首而不能位于谓语动词的后边。比较:

(66) 盆里的衣服我全洗了

*我全洗了盆里的衣服

(67) 东屋、西屋我都打扫了

*我都打扫了东屋、西屋了

2.2 介词短语位置的不稳定性

在句子里边,介词短语的语序位置也是经常变化的。不过,不同的介词短语语序变化的范围有所不同,有的是围绕着施事主语变化,有的则是围绕着谓语动词变化。

A. 由介词"从"构成的表依据的介词短语,既可以位于施事成分前边,也可以位于后边。比较下列例句:

(68) 从走路的样子,我认出了那个人就是邻村的养鸡能手

(69) 从他的表情的变化上,我觉察出了他是不同意我的看法的

(70) 我从走路的样子,认出了那个人就是邻村的养鸡能手

(71) 我从他的表情的变化上,觉察出了他是不同意我的看法的

例(68)(69)的介词短语位于施事主语的前边,例(70)(71)的则位于施事主语的后边。

由介词"从"构成的表时间的介词短语,和表依据的介词短语相类似,它也是既可以位于施事主语的前边,也可以位于施事主语的后边。比较:

(72) 从早上他一直坐在那里

(73) 从1960年他们就开始编写这部词典

(74) 他从早上一直坐在那里

(75) 他们从1960年就开始编写这部词典

由介词"为""用""对"等构成的介词短语也都可以位于施事主语的前边或后边。比较:

(76) 为了你我可得罪了不少人

(77) 用十桶水你也灌不出那只耗子来

(78) 对这样的人我毫无办法

(79) 我为了你可得罪了不少人

（80）你用十桶水也灌不出那只耗子来

（81）我对这样的人毫无办法

介词"用"后边如是单个名词，介词短语则不大能位于施事主语的前边。比较：

（82）我用水灌耗子

＊用水我灌耗子

B. 由介词"往""向"构成的短语，是围绕着谓语动词变化位置的，比较：

（83）他们向（往）村外跑去

（84）大家都向（往）对岸游去

（85）受了惊的马向（往）这边冲来

（86）他们跑向（往）村外去

（87）大家都游向（往）对岸去

（88）受了惊的马冲向（往）这边来

例（83）至（85）的介词短语位于谓语动词的前边，例（86）至（88）的则位于谓语动词的后边。

以上讨论可见，句子里介词短语的位置常常是可以变化的。

2.3 句型和位移

某些较特别的句格式会出现较特别的移位变化。

A. 非自主句的移位变化

（89）没想到的事情发生了

（90）这样的衣服已经流行开了

（91）大风刮了一个晚上

(92) 雨水一滴一滴地滴着

(93) 枪声不停地响着

这种句子是表述客观上发生了什么事情，这是人的主观意志所不能控制的，不管人们主观上是否愿意，该出现的总要出现。

上边句子的语序可以做如下变化：

发生了没想到的事情

已经流行开了这样的衣服

刮了一个晚上大风

一滴一滴地滴着雨水

不停地响着枪声

变化前后，句子意思不变。非自主句里的名词语都不是指人或其他动物的，它们既不宜于看作施事者，也不宜于看作受事者，而是一种可以在谓语动词前后自由移位而又不影响句子意思的比较特别的成分。

下边的句子和例（89）至（93）相类似：

(94) 衣服的扣子掉了

衣服掉了扣子了

(95) （他咬着牙说，）额上的青筋跳着

（他咬着牙说，）额上跳着青筋

(96) 这一带交通已经阻断

这一带已经阻断交通

(97) 葱的价钱涨了

葱涨了价钱了

这里的句子和例（89）至（93）的不同在于，充当中心语的名词可以在谓语动词前后游移，而原来的定语则单独位于前边。

B. 状态句的移位变化

（98）门开着呢

开着门呢

C. 互换移位变化

（99）水我浇了花儿了

花儿我浇了水了

"水"和"花儿"互换位置（见第三章第一节）。

2.4 影响句移位变化的因素主要有以下几个方面：

A. 有定、无定的作用

交谈要求是先把已知的（有定的）表示出来，再去涉及未知的（无定的）信息。所以处于前边的主语往往是已知的（有定的），处于后边的宾语往往是未知的（无定的），但是当宾语显示为已知的（有定的）时，便会向前移位，经常移至句首。

B. 强化、弱化因素的影响

比如介词短语向句首移位。

C. 动词类别的作用

比如第2.3小节A中充当谓语中心语的是非自主动词，B中充当谓语中心语的是状态动词，它们构成的句式，都是对情况做纯客观地描述，不像自主动词构成的普通句式（如：我推门）那样，是表达一种自主的行为，因而动词对句中的句成分失去了"管束"，于是便有可能出现自由移位。

D. 特别句式的缘由

比如第 2.3 小节 C 中讨论的句式，是一种特别的双主语句，其中指事物的名词主语（如"水"）也有做宾语的可能性，于是便出现了互换移位的现象。

3. 紧缩

3.1　先看例句：

（100）你愿意去就去吧

（101）你答应了人家就应该去

（102）我自己能解决也不来麻烦你了

（103）他发着烧也没耽误学习

（104）她想买又嫌太贵

（105）你们不动摇地坚持下去才能最终达到目的

（106）我要等一个人才没有离开这里

以上例句一般分析为紧缩句，句中都有关联副词，如"就""也""又""才"等。它们都是由复句紧缩而来的，相应的完整的复句形式如下：

如果你愿意去，你就去吧

既然你答应了人家，你就应该去

如果我自己能解决，我也不来麻烦你了

虽然他发着烧，但是他也没耽误学习

虽然她想买，但是她又嫌太贵

只有你们不动摇地坚持下去，你们才能最后达到目的

因为我要等一个人，所以我才没有离开这里

第四章 句

  这些复句删去连词、停顿（逗号）和后一个分句的主语，便成为例（100）至（106）的紧缩句。

  3.2 句子的紧缩有程度上的不同，例（100）至（106）各紧缩句里都有关联词，如果句子里边没有关联词，就显得更紧凑些。例如：

  （107）我疏忽忘记了

  （108）他是心里有愧犯了病，还是受了委屈犯了病？

  （109）他不小心把碗摔碎了

  （110）他身上背着东西不能弯腰

  这里的句子和例（100）至（106）相比，句中都没有关联词，显得更紧凑些。这样的句子一般分析为连动句（单句）。实际上这里的句子除了没有关联词外，情况和例（100）至（106）是类似的，也是一种紧缩形式。和它们相对应的完整的复句形式如下：

  因为我疏忽，所以我忘记了

  他是因为心里有愧，所以犯了病，还是因为他受了委屈，所以犯了病？

  因为他不小心，所以他把碗摔碎了

  因为他身上背着东西，所以他不能弯腰

  再看下边的一组例句：

  （111）（这张脸告诉他，）说谎话要吃大亏

  （112）（照看婴儿时，）母亲患感冒要戴口罩

  （113）（为了报答我的收养之恩，）她说她不到四十岁不结婚

这里的句子和例（107）至（110）的情况相同，也是一种紧缩形式，相对应的复句形式如下：

他如果说谎话，他就要吃大亏

母亲如果患感冒，母亲就要戴口罩

她如果不到四十岁，她就不结婚

例（107）至（110）表示因果关系，例（111）至（113）则表示假设关系。

3.3 再看下边的一组例句：

（114）我恨我没有及早认清你

（115）我喜欢他忠诚老实

（116）他欺负我人生地不熟

（117）四叔讨厌她是一个寡妇

这里的句子（一般称为兼语句）也是一种紧缩形式，相对应的复句形式如下：

我恨我，因为我没有及早认清你

我喜欢他，因为他忠诚老实

他欺负我，因为我人生地不熟

四叔讨厌她，因为她是一个寡妇

例（100）至（106）一般分析为紧缩句，而例（107）至（110）一般则分析为连动句或一般单句，前者不一定是单句，后者却都认为是单句。但是从紧缩的观点来看，它们都是由相对应的复句删去一些词语或停顿而来的，只是在程度上有所不同罢了。

3.4 上边讨论的相对应的完整句都是普通复句。再看下边的例子：

(118) 突然，响起了一阵雷声，雷声惊醒了熟睡的人们

(119) 响起了一阵雷声，惊醒了熟睡的人们

(120) 一阵雷声，惊醒了熟睡的人们

(121) 一阵雷声惊醒了熟睡的人们

(122) 雷声惊醒了熟睡的人们

例（118）至（122）逐渐紧缩，例（121）（122）已变成单句形式。

3.5 单句分裂

有时，我们也可以反过来，从单句的伸展（分裂）来观察紧缩问题，如：

(123) 老人无可奈何地慢慢地走了

老人无可奈何（地）慢慢地走了

老人无可奈何，慢慢地走了

老人无可奈何，他慢慢地走了

例（123）首句是单句形式，以下则逐渐伸展为复句形式（末句中前后有两个主语）。

上边我们讨论了三种句式变化形式。如果它们交错使用，同时使用，会使语法结构显得特别简练而经济。下边是紧缩和省略同时用的句子：

(124) （坐月子也不看个时候，我不去,）你的女儿你去吧！

(125) （有钱有势的人家,）十兄八弟不当兵；（缺盐少米

的穷苦人,)一个儿子也要当兵

这里的句子相对应的完整的复句形式如下：

……因为她是你的女儿,所以你去照顾吧！

(有钱有势的人家,)他们即使有十兄八弟,他们也不当兵；(缺盐少米的穷苦人,)他们即使只有一个儿子,他也要当兵

汉语尽可能利用语境及知识背景所提供的条件以及本身结构灵活的长处,在表达上要求能省略的就省略,能紧缩的就紧缩,这样,便能以尽量简略的形式表达较多的内容。言简意赅,这是汉语的突出特点。

第四节 选择搭配
——句结构基础态势

1. 语言,是通过选择搭配组织起来的,不同的选择搭配,组成不同的句结构格式,满足着各样的交际需求。

语法,主要是研究类的选择搭配的。通过选择搭配的检测确定,形成不同的语法类别（名词、动词……；主语、谓语、宾语……）,它们再去做选择搭配,形成小的语法系统,然后到大的语法系统。

语言是连续的搭配。搭配需要选择（不是随意）,这样才能合理,形成规则性搭配。说话就是在不断调整着句的搭配组合。

2. 不同对象的选择搭配

2.1 词选择

词选择是：词对其他成分的选择,其他成分对词的选择,词对

词的选择。

词选择的主要结果是：形成词的各种类别（词类）。各类词都有各自共有的系列选择范围，从而形成聚合，形成类。

2.2 句成分选择

句内部各单位选择，确定了句成分，确定了各自的句法位置、句法功能及相互间的句法关系。

2.3 词类对句法位置的选择

这种选择确定了各个词类和句成分的相对应关系，及它们在句中的类位置（见第二章第一节）。

2.4 "联合"选择

"联合"选择是，词类和句成分相结合（也可以说是词类"协助"句成分）的相互选择或对其他成分的选择。这是句法中最重要的选择，也是最常见的选择。它展示出句法丰富的、多侧面的样式，也形成各种句的类别（见本章第二节）。

2.5 语序选择（排列选择）

句初始语序是按逻辑思维的顺序排列的。由于强化、弱化的影响，以及有定、无定的影响，通过变化选择，形成不同的变化排列语序。

2.6 状语选择

有的状语选择的是谓语动词。如：

（1）不相信他说的话

（2）很希望能办成

"不"选择"相信"，"很"选择"希望"（词选择）。

有的状语选择的对象是动宾短语或动补短语。如：

（3）我又说了一遍

（4）他一把揪住我

"又"选择"说了一遍"，"一把"选择"揪住我"（短语选择）。

（5）我明天去外地出差

　　　明天我去外地出差

这里的状语"明天"应该是选择句的，是和句发生关系的（句选择）。

有的选择则是游移的，有不确定性。如：

（6）他低声地问我

状语"低声地"是直接和动词"问"搭配，还是直接和动宾短语"问我"搭配，似乎两种选择都有可能。

3. 不同种类的选择搭配

3.1 辐射选择和叠加选择

充当谓语中心语的动词选择搭配带有辐射性，如：

（7）我耐心地等了一会儿老王

谓语中心语动词"等"有可能分别选择和"我""耐心地""一会儿""老王"搭配。

选择搭配也常常可能是叠加式的，有层次性，如：

（8）看清楚前边的景物

3.2 合逻辑选择和不合逻辑选择

合逻辑选择是指，符合逻辑关系的选择搭配。比如"买"，和指可以买的东西的名词搭配（如"买水果"），"推"，和指可以推的东西的名词搭配（如"推门"）。

不合逻辑选择（"拐弯"选择）是指，不符合逻辑关系的选择搭配，它们的搭配关系表面上无法直接理解，需要"拐着弯"来理解，比如"一顿饭吃了50元"（吃了一顿饭，花了50元）。

3.3 无条件选择和有条件选择

无条件选择是指，没有附加条件的选择；有条件选择是指，有附加条件的选择。

比如普通主语和普通动词的选择搭配，普通动词和普通宾语（如受事宾语）的选择搭配，都是无条件选择搭配。比较下边的例句：

（9）我们要为大家着想（*我们要着想）

（10）你应该给他们撑腰（*你应该撑腰）

例（9）（10）的动词"着想""撑腰"不能直接选择和主语"我们""你"搭配，而要先加上状语"为大家""给他们"，然后才能和主语搭配，可见它们是有条件选择搭配，和一般无条件选择搭配有明显不同。

（11）办事情应该顾全大局（*办事情应该顾全）

（12）他们都非常尽责任（*他们都非常尽）

例（11）（12）里的动词"顾全""尽"必须带宾语，不能没有宾语，这也是一种有条件选择（非自由选择）。而普通动宾之间的选择不存在这种情况。

3.4 单项选择和多项选择（见第三章第二节，此处略）

3.5 跨越选择

指某一个成分跨越另一个成分而指向前边或后边的一个成

分。如：

(13) 他比你跑得快

(14) 我能去外地了

例 (13) 的 "比你" 选择的不是 "跑"（"比" 介词短语一般不修饰动作动词），而是选择指向补语 "快"（可以向后移位：跑得比你快），例 (14) 的 "了" 选择的不是 "去外地"（实际上还没去），而是选择 "能"（是：能了）。

3.6 可选择搭配和不可选择搭配

中心语动词可以直接选择和句成分宾语、施事主语等搭配。但是，有的则不能，比如不能直接选择和定语搭配，如：

(15) 商家已卖了三套衣服

例 (15) 中的 "卖" 和定语 "三套" 不直接选择。

但是，这也不是绝对的。比较：

(16) 商家已卖了三套 [衣服]

名词性偏正短语的中心语常常可以被略去。例 (16) 的中心语名词 "衣服" 如被略去后，原来的定语 "三套" 便可以直接和动词 "卖" 搭配在一起。

3.7 顺向选择和反向选择

从选择起点到止点的选择，是顺向选择；反过来，从选择止点到起点的选择，是反向选择。

4. 选择起点和止点

选择起点是指，选择程序的起始点；选择止点是指，选择程序的终止点。前者是主动的，后者是被动的。

位于谓语中心语的动词，常常是选择的起点，位于其四围的，常常是止点。

分析操作常常是先着眼于起点。但是，有时也可能是先着眼于止点。比如我们在研究宾语时，发现有名词宾语、动词宾语、主谓宾语，它们和动词的选择搭配在范围上很不一样，于是便有可能从它们出发，反过来观察它们和谓语动词（起点）的选择用词情况。

5. 选择搭配的宽和窄

大多数动词和宾语名词的选择结合面都比较宽，有的甚至是无限的；但是有些动词结合面却很窄，有的甚至只能和一个或两个名词结合，如：

  吟诗   斟了一杯酒／茶
  用车车水   酿了不少蜜／酒
         划船／桨／水

同一个动词和不同类型的宾语结合时，有的可以结合的名词比较宽，有的却很窄，下边是动词"锁"和"膏"分别带的两种宾语：

  受事宾语   工具宾语
  锁门／柜子／狗…… 锁锁
  膏车／机器／门…… 膏油

选择受事宾语比较宽，选择工具宾语却很窄。

第五节 自由和限制
——分析句成分规则的方法

我们在研究中，分出了不同的语法类，如词、短语、句、句成分（主语、谓语、宾语、状语、补语）等，对它们已经有不少分析研究。我们还可以从另一个侧面对它们做进一步观察分析。

这些类成员所处的形式状态，不是单一的、一致的，是不整齐的，由于条件的不同，有的组合和变化形式是自由的、充分的，有的则是不自由的、不充分的，是受到一定限制的。也就是说，语法类成员在组合和变化上存在自由与不自由（受限制）的状态区分。这种现象是普遍存在的，需要通过对它们系统的分析研究，揭示它们自由和非自由（受限制）的区别情况，寻找出有规律的东西，使我们能更全面地认识理解汉语语法。

"自由和限制"是具体观察语法类的规则和特征的方法。下边我们将以句成分的谓语类和宾语类为例来说明这方面的问题。

1. 句成分的自由和限制

a. 自由形式：在句法位置上，句成分有各种可能的组合和变化形式。如果这些组合和变化形式是齐全的，没有受到限制，这样的组合和变化形式是自由形式。

b. 非自由（受限制）形式：在句法位置上，句成分可能有的组合和变化形式受到限制，出现缺失，这样的组合和变化形式是非自由（受限制）形式。

举例：句成分谓语（动词性）有九项可能的组合和变化形式（见下边第2.2小节A）。如果这九项组合和变化形式是齐全的，没有受到限制，便是自由形式；相反，如果这九项受到了限制，比如说只有七项成立，另外有两项不成立，便是非自由（受限制）形式。

c. 自由成分：具有自由形式的成分，是自由成分。

d. 非自由（受限制）成分：具有非自由形式的成分，是非自由成分。

非自由成分是相对自由成分说的。非自由成分受限于不同条件，还有程度上的差别。

句子是由若干个句成分组合而成的。这些句成分在句子里都占有一定的功能位置。处在不同位置上的句成分各有各的组合和变化形式，就是同一位置上的句成分，由于词性、句型的不同，也会有各不相同的组合和变化形式。

比如谓语位置上的动词语（如：我开拖拉机）和宾语位置上的动词语（如：我学习开拖拉机）的组合和变化形式就不同（都是动词语）。前者的组合和变化形式多些（自由些），后者的组合和变化形式则少些（不自由些）。另如，一般动词句型的谓语（如：他走）和隐现句型的谓语（如：屋子里走出来一个人）的组合和变化形式也不同（都是谓语），前者的组合和变化形式多些（自由些），后者的组合和变化形式则少些（不自由些）。

下边我们着重就谓语和宾语的问题讨论。

2. 自由谓语和非自由（受限制）谓语

2.1 自由谓语：具有自由形式的谓语，非自由（受限制）谓语：具有非自由形式的谓语。

2.2 自由谓语

A. 句成分动词谓语（这里提到的"谓语"指谓语中心语动词，下同）可能有的组合和变化形式有九项：

a. 可以带时态成分"了""着""过"。

b. 可以有"×不×？"提问形式。

c. 可以单独回答（谓语动词前后没有其他成分）。

d. 可以有否定形式。

e. 可以有重叠形式。

f. 可以带动量词语或时量词语。

g. 可以带修饰语。

h. 同类动词可以自由替换。

i. 可以带宾语。

组合和变化形式举例：

 a. 我吃了／（正）吃着／吃过

 b. 你吃不吃苹果？

 c. ［我］吃［苹果］

 d. 我不吃

 e. 你再吃吃试试

 f. 我吃了两次／十分钟

 g. 你慢慢儿吃／在屋子里吃

 h. 我吃／买／打／看……

 i. 我吃苹果

具有以上九项组合和变化形式的谓语，是自由谓语。

B. 以上九条可以简化为如下条款：

a. 时态自由	b. 提问自由
c. 光杆自由	d. 否定自由
e. 重叠自由	f. 动量自由

g. 修饰自由　　　h. 替换自由

i. 宾语自由

C. 上边举例的谓语动词是"吃"，"吃"是一般动词。和"吃"同类的动词有"买""看""打""修"，等等。

一般动词可以构成一般动词句型。一般动词句型的谓语具有以上九项组合和变化形式。因此，这样的谓语，是自由谓语。

2.3　非自由（受限制）谓语

A. 和上边自由谓语的九项组合和变化形式相对应，非自由（受限制）谓语可能受限制的形式也有九项：

a. 时态限制（不能带时态成分"了""着""过"）

b. 提问限制（不能有"×不×？"提问形式）

c. 光杆限制（谓语动词不能单独回答问题，前后必须带某种成分）

d. 否定限制（不能有否定形式）

e. 重叠限制（不能有重叠形式）

f. 动量限制（不能带动量词语、时量词语）

g. 修饰限制（不能带修饰成分）

h. 替换限制（同类动词不能自由替换）

i. 宾语限制（不能带宾语）

凡具有以上一项或更多项限制形式的谓语，便是非自由（受限制）谓语。

B. 非自由谓语例1：非自主句型

句型举例：

他醉了

他醒了

他晕过去了

隔壁家的房子塌了

河水结了冰了

谓语组合和变化系列（以"醉""倒"为例）（和上边九项相对应）：

  a. 他醉了　　　　　　　墙倒了

  b. *他醉不醉？　　　　 *墙倒不倒

  c. *他醉　　　　　　　*墙倒

  d. *他不醉？　　　　　*墙不倒

  e. *你醉醉？　　　　　*墙倒倒

  f. 他醉了两次　　　　他家的墙倒了两次

  g. 他慢慢地醉了　　　墙慢慢地倒了

  h. 他醉（醒/摔）了　墙倒（斜）了

  i. （部分可带宾语）

和前边所列的九条组合和变化形式相对照，非自主句型的谓语，有五条是自由的，四条是不自由的，因此，它是非自由（受限制）谓语。

非自主句型谓语的组合和变化条款可归纳如下：

  a. 时态自由　　　b. 提问限制

  f. 动量自由　　　c. 光杆限制

  g. 修饰自由　　　d. 否定限制

h. 替换自由　　　　　　e. 重叠限制

i. 宾语自由（部分）

C. 非自由谓语例2：隐现句型

句型举例：

前边来了一个人

从玉米地里跑出来一只兔子

暮色里隐隐约约出来了几个人影

东隔壁店里走了一帮客

我们家跑了一只鸽子

谓语组合和变化系列（以"来""跑"为例）：

a. 前边来了一个人　　　　　隔壁跑了一只鸽子

b. *前边来不来一个人？　　*隔壁跑不跑一只鸽子

c. *（前边）来　　　　　　*隔壁跑

d. *前边不来　　　　　　　*隔壁不跑

e. *前边来来　　　　　　　*隔壁跑跑

f. *前边来了两次　　　　　*隔壁跑了两次

g. 前边慢慢地(走)来了一个人　隔壁一下子跑了两只鸽子

h. 前边来(出现/跑过去)了一个人　隔壁跑(死)了两只鸽子

和前边所列的九项组合和变化形式相对照，隐现句型的谓语，有四项是自由的，五项是不自由的。因此，它是非自由（受限制）谓语。

隐现句型谓语的组合和变化条款可归纳如下：

a. 时态自由（*着）　　　b. 提问限制

g. 修饰自由
h. 替换自由

c. 光杆限制
d. 否定限制
e. 重叠限制
f. 动量限制

D. 非自由谓语例3：数量语对应句型（表"每"）

句型举例：

一个人拉一车

十个人分一筐苹果

两个小孩盖一条被子

一天写一千字

一次去两个人

谓语组合和变化系列：

a. 一个人拉了一车

b. *一个人拉不拉一车

c. *一个人拉

d. *一个人不拉

e. *一个人拉拉

f. 一个人拉一次

g. 一个人用小车拉一车

h. 一个人拉（推/装……）一车

i. （可带宾语）

和前边所列的九项组合和变化形式相对照，数量语对应句型谓语有五项是自由的，四项是不自由的。因此，它是非自由谓语。

数量语对应句型(表"每")谓语的组合和变化条款可归纳如下:

a. 时态自由　　　　b. 提问限制

f. 动量自由　　　　c. 光杆限制

g. 修饰自由　　　　d. 否定限制

h. 替换自由　　　　e. 重叠限制

i. 宾语自由

说明：d项否定限制是有可能成立的，就是说，数量语对应句型一般不用否定形式。但是在表示假设、反问的数量语对应句里，则可以用"不"。如：

头发一个月不烫一次，我怎么活下去呢？(老舍)

为什么一个人不发一条毛巾呢？

E. 非自由谓语例4："被"句型

句型举例：

我被他打了

破杯子被他扔了

旧笔记本被他撕了

他被狗咬了左脚

衣服被火烧了一个洞

谓语组合和变化系列：

a. 我被他打了

b. *你被他打不打？

c. *（被他）打

d. *你被他不打

e. *你被他打打

f. 我被他打过两次

g. 我被他用棍子打了

h. 我被他打（骂/告）了

i.（可带宾语）

和前边所列的九条组合和变化形式相对照，"被"句型的谓语，有五项是自由的，四项是不自由的。因此，它是非自由谓语。

"被"句型谓语的组合和变化条款可归纳如下：

a. 时态自由　　　b. 提问限制

f. 动量自由　　　c. 光杆限制

g. 修饰自由　　　d. 否定限制

h. 替换自由　　　e. 重叠限制

i. 宾语自由

说明：c 项光杆限制是不整齐的，当谓语动词是双音节时，后边可以不带其他成分，如：他们被敌人包围，在风搅雪雪搅风的雪地里，艰苦作战。（刘白羽）

d 项否定限制是有可能成立的，就是说，"被"句型一般不用否定形式。但是在一定条件下，"被"的前边可以用"不"，比如在假设句里就可以：你如果不被他推出来，算你有本事！

3. 自由宾语和非自由（受限制）宾语

3.1　自由宾语：具有自由形式的宾语，非自由（受限制）宾语：具有非自由形式的宾语。

3.2 自由宾语

A. 宾语可能有的组合和变化形式有五项：

a. 可以有定语

b. 可以单独回答问题

c. 可以省略

d. 可以移位（用"把"）

e. 同类名词可以自由替换

组合和变化形式举例：

我吃苹果

a. 我吃了一个很大的苹果

b. 你吃什么？——［我吃］苹果

c. 你吃苹果吗？——［我］吃［苹果］

d. 我把苹果吃了

e. 我吃苹果/香蕉/烧饼……

具有以上五项组合和变化形式的宾语，是自由宾语。

B. 以上五项可以简化为以下条款：

a. 定语自由　　　b. 独用自由

c. 省略自由　　　d. 移位自由

e. 替换自由

C. 上边举例的宾语"苹果"，是一般受事宾语，如替换为"香蕉""烧饼"等，也是一般受事宾语。一般受事宾语具有以上五项组合和变化形式，因此，是自由宾语。

235

3.3 非自由（受限制）宾语

A. 和上边自由宾语的五项组合和变化形式相对应，非自由宾语受限制的形式也有五项：

a. 定语限制（不能有定语）

b. 独用限制（不能单独回答问题）

c. 省略限制（不能省略）

d. 移位限制（不能用"把"提前）

e. 替换限制（同类名词不能自由替换）

凡具有以上一项或更多项限制形式的宾语，是非自由宾语。

B. 非自由宾语例1：角色宾语

  他在足球队里踢中锋

  我在篮球队里打后卫

  他以前唱过花脸

组合和变化系列：

a. 他踢过省队的中锋

b. 你踢什么？——［我踢］中锋

c. 你踢过中锋吗？——［我］踢过［中锋］

d. *我把中锋踢了

e. 我踢过中锋／前卫／后卫

组合和变化条款可归纳如下：

a. [?]定语自由　　b. 独用自由

c. 省略自由　　　　d. 移位限制

e. 替换自由

说明：a 项定语自由不整齐，宾语的前边不能有数量词定语，如：*他踢过两个中锋。

C. 非自由宾语例 2：虚设宾语

　　他们已经睡觉了

　　他的小孩开始走路了

　　我已经跑过步了

组合和变化系列：

　　a. ? 他睡了一个很好的觉

　　b. *你睡什么？——［我睡］觉

　　c. 你睡觉吗？——［我］睡［觉］

　　d. *我把觉睡了

　　e. （不能自由替换）

组合和变化条款可归纳如下：

　　c. 省略自由　　　a. 定语限制

　　　　　　　　　　b. 独用限制

　　　　　　　　　　d. 移位限制

　　　　　　　　　　e. 替换限制

说明：a. 上边例句里"觉"的前边有"一个很好的"，但是这并不是真正修饰"觉"的，这里是要说明"睡得很好"，而不是"觉很好"。因此 a 项应列为"定语限制"。

b. 就"虚设宾语"来说，"睡"后只能带"觉"，"走"后只能带"路"，"跑"后只能带"步"，都不能自由替换。

4. 非自由（受限制）谓语带非自由（受限制）宾语

非自由谓语动词后边的宾语，往往是非自由宾语。比如第 2.3

节我们举了非自主句型，下边是有宾语的非自主句：

　　河水结了很厚的冰

　　暖瓶炸成了许多碎片

　　他出了一身热汗

非自主句型的谓语是非自由谓语，这种谓语动词后边的宾语，是非自由宾语。这种宾语的组合和变化条款归纳如下：

　　a. 定语自由　　　c. 省略限制

　　b. 独用自由　　　d. 移位限制

　　e. 替换自由

再比如第2.3节我们举了数量语对应句型。这种句型的谓语是非自由谓语，谓语动词后边的宾语也是非自由宾语。宾语的组合和变化条款可归纳如下：

　　a. 定语自由　　　c. 省略限制

　　b. 独用自由　　　d. 移位限制

　　e. 替换自由

5. 逆向非自由形式和逆向自由形式

5.1　在前边的讨论里指出，句成分可以有某些组合和变化形式。但是，有些句成分的有些组合和变化形式，有时是必须有的，而不是可以有也可以没有的，这样的组合和变化形式叫逆向非自由形式。如非意志句型带时态成分这一组合形式就是必须有的。例如：

　　他醒了

　　他醒过两次

这里的时态成分"了""过"是必须有的，不能省去。

  他的头上碰了一个很大的包

  我的衣服烧了一个窟窿

这里的"包""窟窿"是一种表示结果的宾语。前边曾指出，可以有定语是自由宾语的一个条件。但是这里的宾语却是必须有定语（*头上碰包/*衣服烧窟窿）。可见，这和可以有也可以没有定语的形式是有所不同的。

  5.2 某些句成分不是必须只具备某一种组合和变化形式，而是必须交错具备某两种（或更多）组合和变化形式，这样的组合和变化形式叫交错逆向非自由形式。比如数量语对应句型（表"每"）的谓语：

  一个人拉一车

  一个人拉一次

  这里的谓语不是只须带宾语（"一车"），也不是只须带动量词语（"一次"），而是必须交错带这两种成分，或者带宾语，或者带动量词语，而不能同时既不带宾语，也不带动量词语。可见，这和上边谈的必须带一种组合和变化形式的，又有所不同。

  前边的讨论曾指出，句成分如不具备该句成分的某一项组合和变化形式时，便是非自由形式。本节谈的却是某一句成分必须有某种组合和变化形式。"必须有"和"可以有也可以没有"相比较，实际上也是一种类型的非自由形式（受限制形式）。

  5.3 在前边的讨论中我们归纳了句成分谓语的九项组合和变化形式，凡具备这九项形式的，是自由谓语，凡不具备这九项形式的，是非自由谓语。比如"数量语对应句型"的谓语不具备这九项的 b、c、d、e 项变化形式，因此是非自由谓语。

但是，有的句型的谓语，虽然不具备这九项组合和变化形式的某些条款，应该是非自由谓语，然而它却具有这九项以外的其他组合和变化形式。比如"数量语对应句型"的谓语，用九项变化形式来衡量，应该是非自由谓语。但是数量语对应句型的谓语动词却经常可以省去，例如：

一个人［拉］一车

一个人［分］一筐

一天［写］一千字

这里的"拉""分"等，都可以省去。这一变化形式是上边谈的九项变化形式以外的变化形式。

可见，有的句型，在九项组合和变化形式以外，另有自己所特有的变化形式，这样的组合和变化形式叫逆向自由形式。

从本节的讨论里可以看出，所谓自由形式和非自由形式只是相对而言的，不是绝对的。用动词谓语的九项组合和变化形式来衡量，一般动词句型的谓语是自由谓语，而数量语对应句型的谓语是非自由谓语。数量语对应句型却具有谓语动词可以省略这一自由形式，而一般动词句型却不具备这一形式，就这一点说，后者又是不自由的。

6. 非自由形式的差异

前边指出，非自由形式是句成分可能有的组合和变化形式受到某些限制的形式。这种限制，在不同条件下是有差异的，有的受限制少些，有的多些。可以根据受限制的多少而分出受限制的等级。

前边我们曾举出的四种句型——非自主句型、隐现句型、数量语对应句型、"被"句型，它们的谓语都是非自由形式。这四种句型都有以下四条限制：

  b. 提问限制   d. 否定限制

  c. 光杆限制   e. 重叠限制

可以看出，这四种句型受限制的形式是有共同性的。也可以看出，这四种句型受限制的形式往往是彼此相关的，有这一条限制，同时也可能有另一条限制。这可以算作非自由形式的一种类型。

再比如有构词成分"相"的动词充当谓语时，谓语的组合和变化形式会有更多的限制。

句型举例：

  我和小李在上海相遇

  这个问题和那个问题相关

  一别十年，我们从未相见

组合和变化条款归纳如下：

  d. 否定自由   a. 时态限制

  g. 修饰自由   b. 提问限制

  h. 替换自由   c. 光杆限制

         e. 重叠限制

         f. 动量限制

         i. 宾语限制

可以看出，这种句型谓语受限制的情况，和前边那四种句型的受限制情况是不同的。这又可以算作非自由形式的一种类型。

第六节　影响句的两种要素

影响句的两种要素是：强化和弱化，可控和不可控。

1. 强化和弱化

1.1　平静句

试看下边一组例句：

(1) 起床后，小明吃了一个苹果

(2) 火车驰进了车站

(3) 我借了他十块钱

(4) 公园里人不少

(5) 一年三百六十五天

假定我们在说这些句子时，是在一般的情况下，是用一般的语气，没有什么"情绪"，那么，它的读音是平稳的、均衡的，是没有重点地在陈述一件事情。

但是，句常常不会这样平静而安稳，常常会带有"情绪"，其中有的要凸显，有的要减弱，由此会出现结构上轻重不同的样式或变化。我们把这种影响因素称为强化和弱化。

强化是指：在某些条件下，句的某一点（部分）、某几点或整体，相对显得凸显（或被凸显），使引起重视、注意，有时读音较重；弱化则和强化相反，显得减弱，使降低重视、注意，可被忽略，有时读音较轻。强化也说"强势"，弱化也说"弱势"。

强化点是指句中强化的某部分，弱化点是指句中弱化的某部分。

语言是人掌握的。人在表达中，会凸显自己的表达态度，这就需要有所强调，有所减弱。所以，句出现强化和弱化现象，正常而必然。

在本章第三节我们讨论了移位变化，指出宾语等成分可以移位到句首，这种变化是强化影响的变化，凸显宾语，强调它。

在本章第三节我们也讨论了各种省略问题，这也是受到强化、弱化的影响，保留的部分是凸显部分、强势部分，而被省略的部分则相对是弱势部分。

强化和弱化的显现，有时是由于交谈情景的影响所致，有时则是由于不同句结构的不同组合特点所致。

1.2 句成分的强化、弱化

在本章"省略"部分我们讨论了句成分可分为主干句成分（施事主语、谓语中心语、宾语）和非主干句成分（状语、定语、补语）。但是，奇妙的是：句中的主干句成分多显示为弱势态，而非主干句成分则显示为强势态。试观察下边的句子：

（6）你慢点儿走

　　可以略化为：你慢点儿

（7）一共买了十斤水果

　　可以略化为：一共买了十斤

（8）一次是在天蒙蒙亮的时候，打胜了；一次是在一个有雾的白天，他们也［　　］胜了（丁玲）

例（6）略去的是中心语动词"走"，保留的是状语"慢点儿",例(7)略去的是中心语"水果",保留的是定语"十斤",例(8)略去的是中心语动词"打",保留的是补语"胜"。保留的是强势点,略去的是弱势点。

能够进入补语位置的副词只有两个:"极"(好看极了)和"很"(远得很),而这两个都是表示程度重的、强化性的。进入"得"字补语的补语位置的"慌、要死、要命、可以、厉害"等也都是同一类强化性的。在第三章第三节讨论的谓语性补语(他累得站着都能睡着),具有夸张性,主要是从正面做程度上的强化描写。

这说明补语位置是一个显示强化的位置。

其原因是:正因为状语、定语、补语是非主干成分,它们便没有"责任"非出现不可;但是,一旦它们出现了,便说明在此时此刻很需要它们,它们便成为了强势,相应的句主干成分则要降低一些,成为可以被略去的弱势。这种变化符合事物存在的规则,不能只会是一个样子。

1.3 强化词

有些词在句子里起强化作用。它用在某些成分的前边,使之凸显,引起注意,成为强势。如:

(9)是他告诉了别人(比较:他告诉了别人)

(10)我是昨天来到了这里(我昨天来到这里)

(11)他们是从上海出发(他们从上海出发)

(12)我明天是去上海(我明天去上海)

上边例句里都含有"是"(强化词)。相对应的后边括号里的都没有"是"。比较可见,前边加"是"的,使紧跟在后边的成分表达上强化、凸显。

(13) 一下子去了七八个人（比较：去了七八个人）

(14) 一下子买了十件（买了十件）

和括号内的句子比较可见，括号外的加了强化词"一下子"，凸显了事件，强调数量多。

(15) 我可不去那个地方（比较：我不去那个地方）

(16) 可别这样（别这样）

加了强化词"可"，加重了否定。

(17) 他们愿意来这里了

(18) （你还哭不哭?）我不哭了

例 (17) 可以略为：他们愿意了（略去"来这里"），例 (18) 可以略为：我不了（略去"哭"）。从这种变化可以看出两点：例 (17) 的"愿意"、例 (18) 的"不"是强势点；这里句末的"了"是指向强势点的（不会是指向被略去的部分）。另如：

(19) 我有三年没来这里了

"了"指向"有三年"，"有三年"是强势点（可以变化为：没来这里有三年了）。

1.4 强化格式

(20) 连他都想不出什么办法（比较：他想不出什么办法）

(21) 连这间房子他也想要（比较：这间房子他想要）

"连……都/也……"强化表达。

(22) 那个繁荣啊，从没遇见过

(23) 他那个忙啊，连喝水的空儿也没有

"那个……啊"凸显程度之深。

（24）都三十了！（言外之意：年纪不小了）

（25）都七点了！（言外之意：时间不早了，……）

"都……了"强调数量大。

1.5 动词的弱化和强势数量词

在动词句中，动词处于中心地位，它常常显示为强势，"左右"着其他成分。比如施事主语一般要位于动词前边，受事宾语一般要位于动词后边，如：

（26）我买书

这样的语序是为了满足、适应中心语动词的需求，因为动词的动作行为要求先有施事者，后有受事者，于是一在前，一在后。不能说：书买我。例（26）的语序排列显示出中心语动词的强势作用。

但是在有的句式里动词的这种强势地位（"左右"的地位）弱化了，丧失了"左右"的能力。比如在"存在句"里，如：

（27）门口站着一个人

在这种句式里施事成分"一个人"却跑到了动词"站"的后边，这和例（26）的情况相反。这和句的强化、弱化因素很有关系。

例（26）是一般的动作行为句，表述发生了一件什么事情。而例（27）是存在句，说明某处存在着某物或人。例（26）重点在表叙述，例（27）重点在表存在。例（27）突出的是句前边的处所词语"门口"（存在的处所）和后边的名词语"一个人"（存在的对象)。而中间的动词("站")已弱化,相当于单纯表存在的"有",用"有"替换后,意思相当。例(27)的动词,不能带各种补语、不能有重叠形式等[而例(26)里的动词都可以],在一定条件下还可以略去,如:

(28) 靠墙放着一张条桌,左边[坐着]一个人,右边[坐着]一个人(括号里的可以略去)

这些,都是动词弱化的表现。

另如"表'每'的数量语对应句":

(29) 一个人领一份

(30) 一次停十分钟

这种句式强化的是两个数量短语(隔着动词相对应),而谓语中心语动词却被弱化了,常常可被略去,如例(29)(30)可以略化为:

一个人一份

一次十分钟

在表"每"的数量语对应句里,数量语是强势点,在存在句里,位于后边的数量语也是强势点。另如:

(31) 只去了两次,就把人领回来了

可以略去动词"去":只两次,就……

(32) 才坐了十分钟,他就回来了

可以略去动词"坐":才十分钟,就……

在这种句子里,数量词和副词"只""才"配合,成为强势。做补语的数量词短语和做定语[如第1.2小节的例(7)]的数量词短语,都常是强势部分。

1.6 强化句

强化句是指,句式本身具有强化(强势)的性能,它从形成的时候,就显示出强化态。如:

(33) 一个人我也不认识

(34) 每个好玩的地方我都去过

这是遍指句。例(33)是凸显普遍否定,强调不认识每一个人,例(34)是凸显普遍肯定,强调我去过每一个好玩的地方。

语气型句,也都是强化类句:

祈使句是以激情祈使、命令、请求,来强化表达。如:

(35) 站住!(比较:我站住,等他过来)

(36) 你慢着点儿!(比较:好,我慢一点儿)

感叹句是以激情感叹来强化表达,如:

(37) 风和日暖,天气不错啊!

(38) 太棒了!

反问句是以反话激情询问来强化表达:应该怎样或不应该怎样,如:

(39) 难道你不知道这事?(强调应该知道)

(40) 谁说我不去?(强调我去)

可以分为语境性强化、弱化和结构性强化、弱化。前者由语境引起,具有暂时性,比如前边谈到的省略、移位所显示出的强化、弱化;后者是由结构引起的,比如第1.5小节所讨论的动词弱化情况,它在相关的句式结构形成时就已存在,并不受语境影响。

我们在研究句时，首先当然是观察分析句成分及它们之间的组合关系，再观察分析句的强化和弱化及由此显示出的变化。

强化、弱化，促使句式发生变化，显示出了多样性。

强化、弱化，使这个突出一些，那个减弱一些，重点明显，增强了表达效果。

句成分强化、弱化相互衬托，强化词、强化格式的强化作用，强化句和平稳句的交相显现，这使句及句群有了起伏，有了生气。

2. 可控和不可控

2.1　语言反映万事万物，包括自然界、人类社会、人自身的行为等方方面面。语言又是人掌握的，是人交流运用的"工具"，因而语言的反映（表达、描述），是从人的角度出发的。

人掌握语言做反映时，会出现两种情况，一种是无人为因素，按着存在的样子来反映（表达、描述），如对自然界事物的存在、变化；另一种则是有人为因素的反映（表达、描述），如对人的动作行为。前者所反映的现象，是人的主观意志无法控制的，后者所反映的现象，是人的主观意志有可能控制的。这也会影响到语言，出现可控、不可控问题。

"可控"是指所发生的动态现象是人的主观意志可以控制的，"不可控"是指所发生的动态现象是人的主观意志不可以控制的。

2.2　人称和可控问题

三身人称常出现在句的主语位置，对它的不同选择，常常会影响到句的类型及特征。试比较下边的甲、乙两组句子：

甲组：

(41) 我洗衣服。

我扫院子。

(42) 我不洗衣服。

我不扫院子。

(43) 我洗不洗衣服？

我扫不扫院子？

乙组：

(44) 你洗衣服！

你扫院子！

(45) *你不洗衣服。

*你不扫院子。

(46) 你洗不洗衣服？

你扫不扫院子？

两组句子除了甲组句主语是第一人称"我"，乙组句是第二人称"你"，其他用词都相同。但是，两组句子所显示出的句特征却不一样：甲组例（41）和乙组例（44）都是肯定形式，但是甲组例（41）显示的是陈述句，而乙组例（44）显示的却是祈使句（命令句）；甲组例（42）和乙组例（45）都是否定式，但是甲组例（42）能成立，而乙组例（45）则不能成立；甲组例（43）和乙组例（46）都是问话形式，但是乙组例（46）是普通问话形式，而甲组例（43）却不是这样，它是一种探询问句，在征求对方的意见。

出现这样的不同，和可控、不可控密切相关。甲组用的是第一人称（"我"），"我"是可以控制"洗""扫"这样的动作行为的，想这样做就做，不想这样做就不做，所以用肯定式、否定式都可以；既然动作行为"我"是可以控制的，就不必问自己，所以普通问话形式不需要，也就不能成立，甲组例（43）只能是较特别的形式。

乙组用的是第二人称（"你"），"我"（说话人）无法控制"你"的行为，所以乙组各式便显示出了和甲组不同的甚至相对立的情况。

下边是用指动物的名词做主语，试比较：

（47）老黄牛撞我。（正在进行或已成为过去）

（48）[?]老黄牛不撞我。（有可能相当于：老黄牛不会撞我）

（49）[*]老黄牛不。

（50）[?]老黄牛撞不撞我？[有可能相当于：老黄牛会不会可能撞我（问听话者）]

下边是人称代词做主语，可比较：

（51）我撞老黄牛。

（52）我不撞老黄牛。

（53）我不。

（54）我撞不撞老黄牛？

可见，例（47）至（50）和例（51）至（54）表达的意思及特征是很不相同的。其原因就在于：动物的行为一般不是人能凭主观意愿控制的。

2.3 客观描述和可控问题

我们对自然界、社会的某些现象，常常只是做纯客观的描述。如：

(55) 雪下起来了（→下起雪来了）

(56) 桃树花开了（→桃树开花了）

(57) 火着起来了（→着起火来了）

(58) 价钱涨起来了（→涨价钱了）

这些句子反映的现象是人的主观意志无法控制的，属于不可控范围。所以这种句式也比较特别，句中的名词语常可以前后移位。

不仅上边的这样，人（或其他动物）参与的事件有时也只是做纯客观的描述。如：

(59) 从前边跑过来几个人

(60) 东村死了一头牛

(61) 突然，从树后边转出来一个壮汉

这种"隐现句"常常带有突然性和不可预测性，这样事件的发生是纯客观的，也是人的意志无法控制的。这也是形成这种特别句式（处所词语＋动词语＋表施事的名词语）的主要因素。

形容词的动态化形式也是一种客观描述，也属于不可控范围。如：

(62) 终于瘦下来了

(63) 屋子里逐渐亮起来

2.4 动补格式（结果）也和可控问题密切相关。动补格常常表示：由于某种长时间活动的延续或者由于发生某种强烈的事件，而引起了某种结果，而这种结果多是指不幸的事件，带有被迫性，不可控，如：

(64) 他饿晕了

(65) 老李吓傻了

(66) 她急哭了

补语"晕""傻""哭"都指一些不愉快的事,它的发生是不可控制的。

2.5 被动和不可控

由于是被动,当然自己(说话人)是不可控制的。如:

(67) 他遭(到)了打骂

(68) 我淋了雨了

(69) 眼睛迷了沙子

句中动词的前边不能加表意愿的"要""想"及否定词"不"。

2.6 从以上的讨论可见,"不可控"因素的影响还是比较广泛的,它体现于众多的句格式。而"可控"因素常比较窄,体现于以第一人称为主语的动词(动作)句。

"可控"影响范围小,这是因为它显示的是"自主意志",只能是属于"我"的。可见,语言表达常常是针对"外部"的状况,自然界变化如何,社会变化如何,"他"如何,"你"如何,等等,从说话者角度来说,这些都是外部(客观)的。

在本章第五节我们讨论了"自由和受限制(不自由)"问题,指出,语法中的成分(词语)和成分(词语)的组合变化实际上形成了两种大的类型,一种是它们的组合和变化是自由的,一种是组合和变化受到种种限制,是不自由的。这种不同类型的呈现和区分,和可控不可控因素的影响很有关系。

由于不可控因素的影响使不少语法格式出现了种种限制和比较特别的现象，比如不能有否定形式和"×不×?"提问形式、不能单独回答问题，而有的句式中的名词语有在中心语动词前后自由移位的特别形式，等等。

第五章　专题研究

第一节　语法修辞

这里讨论的"语法修辞"是指，语法形式同时又显示了修辞的作用。这是汉语语法的一种特色，也是一个亮点。它让语法美化。

所谓以语法形式显示修辞功能，具体指：通过语法的构词方式、重叠方式以及其他语法结构方式，显示出修辞的内容，在起到语法作用的同时，也达到了修辞的效果，使表达显得生动、形象、夸张、细腻、鲜明。

在汉语中，这种语法和修辞的同现，还是比较多的。比如本书第四章第三节讨论的句式变换，除了显示出语法现象外，也显示出了修辞的作用，它使表达显得更凸显，更有力。另如第四章第二节讨论的句格式类、本章第二节讨论的语法特别框架。

1. 构词修辞

试看下边一组例词：

　　雪白　　漆黑

　　冰凉　　滚热

　　笔直　　烂熟

　　滚圆　　乌黑

这是"描绘形容词"。从语法方面来看，其构词特点是：限于双音节的，一般是"名/动+形"，它们不能带程度副词（一般形容词可以），重叠式是ABAB，如：墙壁雪白雪白的（一般双音节形容词重叠式是AABB），一般不做状语。

从修辞方面来看，它们显示出形象、夸张、生动色彩。如"冰凉"，是像冰那样凉；"滚热"，是像滚了的开水那样热，用形象比喻显示出较深的程度。

2. 后缀修辞

某些单音节形容词后边可以带各种修辞性重叠式后缀。如：

乎乎：黑乎乎、潮乎乎、稠乎乎、毛乎乎

溜溜：直溜溜、酸溜溜、圆溜溜、光溜溜

墩墩：矮墩墩、胖墩墩、厚墩墩、肥墩墩

这些形式做谓语等，一般要加"的"，不能加程度副词、"不"等。如：

（1）a. 她们都乐滋滋的（﹖她们都乐滋滋）

　　　b. ﹖她们都乐

（2）a. 麦田绿油油的（﹖麦田绿油油）

　　　b. ﹖麦田绿

同一个形容词加上不同的后缀，会使词意更细腻、确切，如：

　　直瞪瞪　形容眼睛直瞪的样子

　　直勾勾　形容眼睛直瞪发呆的样子

　　直橛橛　形容（胡须）挺直向前

　　直溜溜　形容笔直

　　直挑挑　形容身材高而直

直挺挺　多形容直立或直躺着不动的样子

口语里还有如下的修辞后缀：

（冷）古丁的、（酸）不唧的、（灰）不溜秋、（黑）咕隆咚、（傻）不楞登、（脏）了吧唧

形容词加上以上这些后缀，显得活泼、生动、形象，有趣味性。

3. 重叠修辞

3.1　单音节形容词重叠。如：

（3）a. 脸红红的（*脸红红）

　　　b. 脸红

（4）a. 房子大大的（*房子大大）

　　　b. 房子大

从语法方面看，它是一种有特色的变化形式。它做谓语常要加助词"的"，否则不能成立（如括号里所列），不能再加程度副词、"不"等。从修辞方面看，重叠式显示出生动化趣味色彩（例3b、4b是原词做谓语，可比较）。再比较：

（5）a. 她高高的个儿，大大的眼睛，弯弯的眉毛

　　　b. 她高个儿，大眼睛，弯眉毛

例5a上句"高""大""弯"采用重叠式，显示出生动、亲昵的修辞色彩，而5b采用原词，没有上述修辞色彩。

3.2　双音节形容词重叠。如：

（6）a. 大家热热闹闹地庆祝了一番（*大家热闹地庆祝了一番）

b. *大家热热闹闹

(7) a. 我清清楚楚地看见从水里冒出来一个东西

　　b. *我清清楚楚

双音节形容词重叠式常做状语，做谓语有限制（如例6b、7b不能成立）。

另外，还有加"里"的重叠形式，如：

(8) a. 他这个人糊里糊涂

　　b. 他这个人糊涂

(9) a. 她娇里娇气

　　b. 她娇气

再如：啰里啰唆、古里古怪、流里流气。

双音节以上的重叠形式显示的修辞色彩，和单音节的相类似。

3.3　动词也有类似于双音节形容词的四字重叠形式。如：

(10) 几个人摇摇摆摆地走过来

(11) 他跌跌撞撞地走出酒馆

(12) 嫌疑人吞吞吐吐，不想交代

(13) 大家说说笑笑的，挺融洽

这些重叠形式的功能类似于双音节形容词的，常做状语（不重叠动词很少做状语）或谓语。

双音节动词重叠式的特点是，多由两个单音节动词分别重叠形成（这和双音节形容词不同），例（10）至（13）都是这样[如例(13)是"说""笑"分别重叠而形成四字式]。再如：磕磕碰碰、嘻嘻哈哈、哼哼哈哈、拉拉扯扯等。重叠式中的单音节动词有的不能单用,如:哭哭啼啼("啼"不单用)、推推搡搡("搡"不单用)、断断续续("续"不单用)、纷纷扬扬("纷"不单用)。

可见,四音节动词的重叠形式有自己的明显特点,已形成一个另类,有的词意也有变化(如:吞吞吐吐、进进出出)。这样的四字重叠形式有自己的修辞功能,显得形象、活泼。

3.4 数量词组重叠。如:

(14)一本一本(一本本)的新书发给全班同学

(15)一棵一棵(一棵棵)的杨树排列在大路两旁

(16)一样一样的展品陈列在四周

(17)一回一回地跑来询问

数量词组重叠表示数量多,能增强生动性。

从以上讨论可见,语法中的重叠式已形成一个大类,它们有自己的语法特征,但似乎主要是在起修辞的功能。

4. 结构修辞(带"得"补语句——句修辞格式)

汉语的句法结构,在显示语法功能的同时,也有会显示出修辞功能的。比如带"得"字的补语句,试看下边的例句:

(18)这个人糊涂得可以

(19)老汉气得不行

(20)难听得要命

(21)贵得要死

(22)这人真穷得可怜

(23)她难过得不得了

(24)姐姐喜欢得了不得

从语法上看,"得"后边的是补语,表示比较深的程度;但是这里用的不是一般的程度副词,而是"可以""不行""要命""要死""可怜""不得了""了不得",它们在其他句位置上不表示加深的程度。这种选词搭配,显示出夸张、生动的色彩。再如:

（25）村内外的树,都绿得不能再绿了

（26）屋子里乱得不能再乱了

（27）画眉一叫,妹妹就快活得没法说了

（28）她已老得不像样儿了

例（25）（26）用"不能再……"这种比较极端的形式做补语,表示程度极高,例（27）（28）用"没法说""不像样儿"等否定形式做补语,表示程度极高,这样的夸张比喻组合也都显示出形象修辞。

有时带"得"的补语句,是前边先用一个普通句子表示程度深,后边再用"得"句做进一步描写,如:

（29）皮肤很嫩,嫩得可以掐出水来

（30）这几天真忙,忙得昏天黑地

（31）两眼明亮,亮得像夜空中的明星

例（29）至（31）都是前边用普通句（如"皮肤很嫩"）,后边用"得"句。前边的普通句已说清了情况,而"得"句既显示出一种特别的句法格式,又是用比喻、夸张、形象的手法,做了进一步表达,这是修辞手法表达。"得"句,是句修辞格式。

5. 格式修辞

可……了

（32）脾气可强了!（比较:脾气很强）

可……了去啦

(33) 他的神气可足了去了

那个……呀

(34) 山西的煤那个多呀,刨开地面就是

怪……的

(35) 慢着点,地上怪滑的(比较:地上滑)

挺……的

(36) 觉得挺不好意思的

上边这些语法格式是框架型的,具有夸张或亲昵的色彩。

6. 反省略修辞

汉语的主语和宾语经常被省略,这样,省略和不省略两种手段互相配合着使用,便会产生一种积极的修辞效果。例如:

(37) [你]打我吧,[你]踢我吧,友哥,[你]打死我吧!只要你能养活我娘。(田汉《丽人行》)

(38) 王:对,那你着急什么呢?梁:我不是着急,我是保卫一个女人的权利。王:我该尊重你的权利,你就该侵犯我的权利吗?我们是平等的,对不对?梁:什么时候我侵犯过你的权利了?王:前天你为什么拆我的信?梁:我没有。(田汉《丽人行》)

例(37)中前三句连续省略了三个主语"你",而第四句却突然出现了主语"你",这样配合使用,既使句子显得紧凑,也突出了第四句对"你"的殷切恳求。例(38)是一段对话。在对话中主语是经常被省去的,但是这里的主语"你"和"我"却一个也

没有省去，都保留着。由于一般情况下主语常省去，而这里又都不省去，便会产生一种加强语气的修辞效果。

7. 小结

语言表达的希望和需求是合理合规，再就是生动漂亮。用语法的形式同时表达一些修辞内容，这是一举两得的事情，应该得到赞赏。在语法格式形成的过程中同时也显示出修辞色彩，这是语言发展的长处。

汉语是"字形词"，没有"词尾"变化的限制，也少有"形式主义"的限制，所以，常常是不拘一格求表达。把规则（语法）和美化（修辞）结合起来，这很自然，也是其高明之处。

在上边讨论的语法修辞的内容中，表示加强程度的比较多。这是因为人们在说话中习惯于把程度说得重一些、夸张一些、细腻活泼一些，以便收到更好的表达效果。

两两重叠的形式比较多，这可能和汉民族的某种心理倾向有关。汉民族的心理习惯于接受成双成对的偶性形式，比如"日本国"，我们常常只说"日本"，而略去"国"，而说"美国"却一般不能略去"国"只说"美"；说"挪威""荷兰""英国""德国"，前者不加"国"，后者却要加。

汉语里有不少并列四字语形式，也是追求成双成对。

母亲在和婴儿对话时常会用两字重复（重叠）的形式，如：乖乖、喝奶奶、吃果果、睡觉觉，这样显得亲昵而好听。

重叠形式多，可能和这种心理倾向有关。

从前边的讨论可见，形容词类在表现语法修辞方面，显得比较突出而多样。这是因为，形容词类的主要功能是描写。而描写，自然会倾向于美化，必然会引出修辞的元素来，形成语法功能、修辞功能的共现。

第二节　语法特别组合
——再议一般和特别

本书第一章第一节讨论了"一般和特别"。一般，是指普通的，比较好理解、掌握；特别，是和一般相对而言的，数量少些，用法比较特别，花样也比较多。

在语法研究中发现并分析语法特别单位和组合形式很重要，特别是像汉语这样的字形词语法，其重要性往往在于你能不能把语法特别状况分析清楚。

比如在第一章（"三分"观察）中曾举了一些例证，讨论了"两头类"（典型的词和典型的短语），它们都比较容易理解、掌握。典型的词不能扩展，典型的短语可以自由扩展；而中间"过渡域"情况则不同，因为处于不稳定的过渡状态，情况就复杂、多样些：在扩展上有的松些，有的紧些，有的可以加入这样的成分，有的可以加入那样的成分（加入的成分也不同于一般的），有的接近于典型词，有的接近于典型短语，等等，分析和理解上都要费点工夫。

再比如宾语，"受事宾语"是比较一般（普通）的类，可以有一般宾语可能有的组合和变化形式，只要记住宾语的系列特征是什么，就容易理解、掌握。但是宾语的特别类，如目的宾语、工具宾语、原因宾语、方式宾语等，情况就不同：它们对动词的选择各有不同，它们的组合和变化形式，都有种种限制，而又各不相同，所以需要一类一类地仔细分析。弄清楚宾语特别类，才能全面认识宾语。

一般的加上特别的才能是比较完善的。

本节我们讨论两类语法特别组合：语法特别词组合和语法特别框架组合。它们都有固定性。

1. 语法特别词组合

这是指，有些语法词，组合比较特别，它们要求（或主要倾向于）采用某种特别的有强制性的选择搭配形式。

比如一般（普通）动词做谓语时，前边可以有介词短语（做状语），也可以没有介词短语，比较自由。但是有些动词做谓语却要求必须有介词短语，这就显得特别。再比如形容词的一般功能是做谓语、定语，但是有些形容词却只能做补语，这也显得特别。

对这样的有特别组合要求的语法词来说，有必要集中起来做考察、研究，才能得到明白的认识。

1.1　有些动词前边必须加介词短语（或后边有介词短语）：

不利　这样做对我们不利

着想　要多为大家着想

撑腰　你得为我们撑腰

奋斗　为大众的事业而奋斗｜在教育战线奋斗了一生

感兴趣　我对钓鱼感兴趣｜他对什么也没感过兴趣

过渡　从低级阶段过渡到高级阶段｜从贫穷向富裕过渡

饯行　我们明天给你们饯行

开刀　整顿纪律，先从此部门开刀｜他先拿我们开了刀

来源　认识来源于实践｜音乐来源于民间

凌驾　不该凌驾于群众之上｜他想凌驾在别人之上

迈进　向前迈进｜迈进在幸福的大道上

盘旋　几只鹰在空中盘旋｜飞机盘旋在城市上空

媲美　今天的演出，能和以前最好的演出媲美

拼搏　为攻克科学难关拼搏了一生

栖息　鸟儿栖息在树上（鸟儿在树上栖息）

取决　你去还是他去，取决于上级的态度

蜷缩　流浪者蜷缩在墙的角落｜流浪者在墙的角落蜷缩着

1.2　有些词只能用于否定式：

薄　他待我不薄｜他对你也不薄呀！

罢休　不办成此事，绝不罢休

边际　他说的完全不着边际

高低　他高低不去｜高低睡不着

苟同　你的看法，我不敢苟同｜不能苟同

绝　绝不答应｜绝不饶恕

吭声　我只听，没吭声｜弟弟不敢吭声

莫　听到好消息，大家莫不喜笑颜开｜莫不如此（双重否定）

耐烦　很不耐烦｜等得不耐烦了

切　切不可粗心大意｜切不能只顾自己

轻重　不知轻重｜说话总是没轻没重的

容忍　不能容忍这种蛮横行为｜难以容忍

1.3　有些动词构成的句子中，主语、宾语可以互换位置：

　　贯穿　整个比赛过程贯穿着紧张气氛→紧张气氛贯穿着整个比赛过程

　　淋　我淋了雨了→雨淋了我了

　　笼罩　浓雾笼罩着山峰→山峰笼罩着浓雾

　　迷（上）　这里的景色迷上了我→我迷上了这里的景色

　　眯　沙子眯了眼睛了→眼睛眯了沙子了

1.4　有些动词只能构成连动句：

　　假借　他假借报社的名义骗取钱财

　　借口　他借口有事未去参加

　　靠　靠大家努力战胜困难｜靠能力找工作

　　面对　他面对死亡的威胁毫无惧色（面对死亡的威胁他毫无惧色）

1.5　有些动词常构成"把"字句：

　　等同　不能把这两件事情等同起来

　　归咎　不能把责任都归咎于别人

1.6　有些形容词只用作补语：

　　遍　他走遍了大江南北

　　绝　不要把话说绝｜赶尽杀绝

　　精光　把屋子里抢得精光｜抢了个精光

1.7　有些动词可以直接做状语：

　　不屑　他不屑地看了他们一眼

步行　我们步行来到海边｜步行去吧

集中　会上集中地讨论了住房问题

继续　得继续观察下去

号啕　号啕痛哭

交替　休息和工作交替进行｜两种现象交替地出现

轮流　大家轮流守护着病人｜轮流值班

平均　产量平均提高了两倍｜平均分配

破格　破格升了一级｜破格录取

2. 语法特别框架组合

由多个词形成的框架形式，在语言中是不少见的，框架本身比较固定，但其中可填入某些有选择的、可替换的词语。"框架"一般有自身的抽象意思，填入的可替换的词产生具体的意思。

形成的框架有短语形式、句形式、复句形式，花样多，组合巧妙。它们表意深刻。它们简练、幽默、形象。它们是语言表达升华的表现，是语言发展的提高。

2.1　并列形式

……啊……的……　"啊""的"的前边用同类名词。常含列举未尽的意思，有亲切生动的色彩：猫啊狗的，养了一些｜黄瓜啊西红柿的，都挺新鲜

……挨……啊……　动词"挨"前后用相同的不定代词"哪儿""谁"等，分别做主语和宾语。表示互不相干，含有较强的不满或埋怨情绪：这哪儿挨哪儿啊｜这谁挨谁啊，干嘛把我也扯在里边

半……半…… 两个"半"的后边分别用词义相反的单音节动词或形容词。表示相反的两种行为或状态同时都不完全地存在：对他的话，半信半疑｜半推半就｜半明半暗

半……不…… "半"和"不"后边用词义相反的单音节形容词或动词。表示某种中间状态，含不愉快、厌恶的意思：饭半生不熟的，没法吃｜你看他那半死不活的样子

东……西……（1） "东"和"西"后边常用近义的单音节动词或双音节的两个词素。表示多方面比较乱地做某事：东拉西扯地说了半天｜东拼西凑地借了几千块钱

东……西……（2） "东"和"西"后边分别用数量词语。表示比较乱地多次重复：东一遍西一遍地问个没完｜东一句西一句地说着

连……带…… "连"和"带"后边分别用单音节动词，做状语。表示两种行为同时进行：他们连说带笑地走进来｜我们连推带拉地把他请进了屋里

忙……忙…… 两个"忙"分别带反义的方位词、指代词等，常加"的"。表示为某事忙碌：妈妈成天忙里忙外的，没时间休息｜忙这忙那｜忙吃忙穿

没……没……（1） 两个"没"后边用意思相关或相近的单音节名词、动词或形容词：不能没皮没脸，老向人要东西｜他没边没沿地讲了半天｜没完没了

没……没……（2） 两个"没"后边用反义的单音节形容词。表示应该区别而未区别，含不满、厌烦的情绪：她说话就是这么没

深没浅｜没大没小的

似……非……　"似"和"非"后边用相同的动词、形容词或名词。表示像什么又不像什么：小孩似懂非懂地听着｜他似醉非醉，说话不够利落

什么……不……的　"不"前后用相同的形容词、名词或动词，后续句表明正面态度，是承接上文的一种表达方式。表示不必在乎：什么好吃不好吃的，有饭吃就行｜（人不错，就是年龄大点。）什么年龄不年龄的，双方满意就行

再……没有了　表示程度很深：他们是多年的朋友，再亲密没有了｜他担任这个角色，再合适没有了

……这……那　"这"和"那"前边用相同的动词。表示动作涉及不确指的众多事物：他问这问那，什么都想知道｜你怕这怕那的，别人怎么和你合作

2.2　动宾形式

甭提（有）多……　"多"后边用形容词，前边可以加"有"。表示程度很高：他们俩的关系甭提多好了！｜最近甭提他有多忙啊！

放……口风　"口风"常带指其内容的定语。表示透露出某种信息：对方放出打算停止论战的口风，说要退出比赛

放下……架子　表示改变自高自大、装腔作势的作风：要放得下架子｜还是放下你那臭架子吧

够……受的　表示很让人受不了：干这么重的活，够他们几个受的｜一个打击接一个打击，够她受的

还是……呢　后边常跟后续句，指出应该如何而未能如何。含

指责、嘲讽的意思：还是个干部呢，这点法律知识都不懂｜还是大人呢，都不如个孩子

就/又＋是……　后边用动量词语（其中的数词一般是"一"或"几"）。强调某种动作行为：照着背上，就是一拳｜看谁不顺眼，就是一顿骂

2.3　主谓形式

……归……　"归"前后用相同的动词。不单独使用。表示发生的某种行为不该引起相应的结果：吵归吵，日子还得过｜奖励归奖励，有了错照样批评

（名）＋就是＋（名）　前后用相同的名词或短语。强调事实的客观存在：事实就是事实，不能抵赖｜亲兄弟就是亲兄弟，和别人就是不一样

一＋（量名）……　由数词"一"构成数量名短语。表示多数人或物情况相同：我们几个一个工厂｜这几双鞋一个型号

一＋（量）＋挨＋一＋（量）　"挨"前后用相同的数量短语，做状语。表示多数人或物分别靠在一起：他们一个挨一个地站着｜货物一包挨一包地放着

2.4　偏正形式

比……（形）不了……　"不了"做形容词的补语，它们后边用数量词。表示相差不多：工资比你多不了几块｜他比你晚不了多少

比……还……　"比""还"后边用相同的名词。表示在才智品德等方面最好或最坏：他比诸葛亮还诸葛亮｜你比流氓还流氓

好不……　后边的词语限用双音节。形式上是加"不"的否定式，而实际表示的却是肯定的。有加强语气的色彩：听到这个好消息，大家好不喜悦（很喜悦）｜好不紧张（很紧张）

好＋（数量名）　其中的数词限于"一"，名词的前边常要有定语。表示程度深：好一座雄伟的建筑！（非常雄伟）｜好一条汉子，一下举起了千斤大鼎！

几乎＋没/不……　虽是否定形式（加否定词），但却表肯定，表示想实现而实现：几乎没跑到终点（实际上是跑到了）｜几乎赢不了他（实际上是赢了）

一＋个……　不单用，后续句指出一种结果。表示速度很快：他一个箭步冲了上去｜一个冲刺，他第一个跑到终点

一个＋没/不……　不单用，后续句表示产生了某种不好的结果。表示由于一时的疏忽（而如何）：一个没注意，把手划破了｜一个不小心，把碗摔了

2.5　复句形式

爱……不……　"爱""不"后边用相同的动词，含有不满情绪，常侧重在否定方面：他爱来不来，我不会去请他｜你看他那爱理不理的样子，真气人！

不＋（动）＋（动）……　反问型。前后用相同的动词，后边的动词要带不定代词"哪儿"等做宾语。表示只能选择某种做法：他不找你找谁？｜不去那儿去哪儿？

……的……，……的……　"的"前后分别用相同的动词或动词短语，前边的动词分别带"的"，后边的带"了"。表示全部或

多数所呈现的情况：丢的丢了，卖的卖了，全没了｜同龄的人，娶媳妇的娶媳妇了，出嫁的出嫁了，就你俩还是光棍儿

东……西…… "东""西"分别修饰相同的动词重叠式。表示不停地进行：东问问，西问问，还是找到了地方｜东看看，西看看，觉得挺新鲜

（动）+（代）+就+（动）+（代） "就"前后用相同的动宾短语，前边常用"想""愿意"等，宾语用相同的不定代词。表示按着意愿去做：想去哪儿就去哪儿，谁也管不着｜我愿意请谁就请谁

你……，我…… 不单用。表示若干人参与某活动：大家你说一句，我说一句，议论起来｜同学们你干这个，我干那个，很快就干完了

你+（动）+我，我+（动）+你 不单用。表示若干人相互做同一动作：几个人你看看我，我看看你，不知该怎么办｜他们你推给我，我推给你，谁也不愿管

（动）+什么+（动）+什么 两个动词分别带不定代词"什么"做宾语。表示做能够做的或应该做的：有什么说什么｜会什么干什么｜卖什么吆喝什么

……是……，……是…… 两个"是"前后分别用相同的代词、名词短语或动词短语。表示不应该相混：他是他，你是你，这和你无关｜这里是这里，那里是那里，条件不同

（名）+是+（名），（名）+是+（名） 两个"是"前后分别用相同的名词或名词短语。表示是真正的，很相似的：这家饭店

南北菜肴都不错,湖南味儿是湖南味儿,山东味儿是山东味儿

(动)+一(量)是+一(量) 动词后边的数量短语和"是"后边的数量短语相同,常是泛指的,强调要认真:写一篇是一篇,不要只追求数量｜走一步是一步,要踏实

有+(数量)+(动)+(数量) 其中的数词常是"几"或"多少"。表示都做同样处理:那里需要人,你们有几个去几个｜你有多少个卖我多少个

编写"基础语法"(母语法)应尽量收集以上讨论的特别语法组合条目,排列分析。

第三节 语法统计
——细观选择搭配规则

1. 语法统计

语法统计是对语法选择搭配有可能用数字统计、列举的,做出统计,作为一种专门的学问来研究。这是汉语语法别具一格的特点所决定的,是深入、全面、细致观察汉语语法的重要方法和应该走的途径。尽管完成这一工作有不少难点,情况很复杂,工作量也很大,但是应该去做。这是一项很有意义的基础工作,它实用性极强。

字形词语法(汉语语法)和形态词语法(西方语法),有着根本性的不同。后者因为有系统化的形态变化管束,选择搭配往往要显得单一一些,"规矩"一些;前者则不同,因为它缺乏类似的管

束，选择搭配就相当灵活，情况也就相当复杂，应该有一种研究方法，对这种情况加以显示说明。

语法统计，便是一种很好的方法。它有可能把语法基础的"家底"全面地"亮"出来，不管是做理论语法、基础语法研究工作，还是做实用语法研究工作，有了统计就都有了牢固的基础，能少说一点"空话"。

在当前信息化时代，这样的工作显得更为必要，它可以满足数字化的需求，并促进其发展。

2. 语法统计举例

2.1 语法类别统计举例（动词总项目统计，共 29 项）

不能有时态形式的动词

时态形式残缺的动词

不能单用的动词

不能有否定形式的动词

不能有主语的动词

不能有宾语的动词

可以有 XXYY 重叠形式的双音节动词

可以带结果宾语的动词

可以带目的宾语的动词

可以带方式宾语的动词

可以带原因宾语的动词

可以带角色宾语的动词

可以带致使宾语的动词

可以带双宾语的动词

可以带主谓宾语的动词

可以带形容词宾语的动词

可以做主语的动词

可以做宾语的动词

可以做状语的动词

可以有动词名词化形式的动词

可以构成多指动词句的动词

可以构成"揉"类动词句的动词

可以构成"糊"类动词句的动词

可以构成非自主动词句的动词

可以构成"包含"类动词句的动词

"离合"类动词

"离合"类动词类型

可以带数量补语的动词

可以带时量补语的动词

2.2　语法个词统计举例（可以带双宾语的动词）

安　他们随意~了他一个外号

安慰　你去~他几句

掰　这家孩子~了那家一个青玉米，为此吵了起来

抱怨　妈妈~了我几句

表扬　队长~了小马几句

拨　上级有关部门~了他们一部分资金

补　　队里又~我们两天假

补充　　领导又~我们一批救灾物资

补助　　公司~了他们一笔钱

差　　我还~图书馆两本书

称　　我们都~他老关

称呼　　大家都~他老队长

抽　　他~过我一包烟

处罚　　海关~了他三千元钱

传　　师傅~了他几个秘诀

搭　　卖你两件衣服，再~你一顶帽子

答应　　你先~我一件事情，我再告诉你

答复　　他含含糊糊~了记者几句

递　　~我一支烟

发　　商场每年都~我们工作服

放　　~你两天假

分　　单位~了他一套新房

奉承　　大家随口~他几句，他就忘乎所以了

告诉　　我~你一个秘密，你千万不要说出去

给　　快来，我~你一个好东西

喝　　我~了他一杯茶

花　　弟弟这次结婚~了家里不少钱

还　　年底要~银行一笔贷款｜你说你，你怎么也不~他两句？

第五章 专题研究

回　今天上午我的朋友~了我一个电话

回答　谁能~他这个问题？

寄　去年他姐姐~过他一件毛衣

建议　读者~报社开辟一个专栏

奖　弟弟考了一百分，爸爸~了他一套小人书

奖励　~每人一套运动服

交　每人~我一篇论文

交代　他走时，~了女儿一件事

教　他以前~过我钢琴

缴　他一个人~了土匪三支枪

叫　大家都~他先生

借　他愿意~我一间房｜我从来没有~过他钱

敬　~老人一杯酒

救济　县里~了我们一批粮食

考　~你地理知识

夸　他~了我几句

落（là）　他~我这儿一本书，你给他带去吧

淋　~了我一身水

骂　她~他神经病

买　我们~了她三斤桃

卖　商贩~我们一条鱼

瞒　家里人~了我这件事

拿　他~了我一份材料

派　我只~过他一次差使

盘问　巡警在~他什么事情

赔　他~了我一件新衣服

赔偿　被告~原告医疗费八千元

批　领导~了我们一吨水泥

批评　老师~了学生几句

欠　房客还~房东两个月房租

抢　歹徒~了她一个钱包

请　主任~了我们一顿烤鸭

请教　我们~当地人这个街名的来源

请示　我们要~首长该如何处理这件事情

求　上个月我~过他一件事

让　我的棋下得不好，你得~我两个子儿｜他~了我一套房

饶　他们~了他一条命

扔　快~我一个球

洒　对不起，我~了你一身水

扫　你怎么~了孩子一身灰

赏　皇上~了他一件黄马褂

审问　执法官正在~犯人一个要害问题

授予　政府~他劳动模范称号

输　甲队~乙队两分

送　传达室~他一封信｜弟弟~了我一件皮衣

提醒　别忘了~我那件事情

贴　我每月要~家里一些生活费

通知　他没有~我开会的事

偷　他~过别人一支钢笔

投　大家都不约而同地~他票｜他~我们出版社一部稿子

吐　他们~（tǔ）了我一地瓜子皮｜病人~（tù）了护士一身脏东西

退　商场~了厂家一批不合格的产品

退还　售货员~了他多收的钱

托　我从来没有~过他什么事

委托　你~他什么事了

喂　我们常~小猫鸡肝｜妈妈在~弟弟奶

问　刚才他~了我一件事

献　他们~贵宾一束鲜花

赢　他~了我一盘棋

援助　乡里~了我们一批种子

赠送　~客人一筐水果

招待　主人~了我们一顿饺子

找　她~了顾客两元钱

照顾　单位~了他一套住房

支援　他们全体员工每年~希望工程不少钱

准　经理只~了他半天假

租　学校~了公司一辆车｜我们~了他一间房

可以做语法统计的对象很多，再如类似的其他词类的统计、各个句成分类型的统计、对特别词选择的统计以及特别句法位置的统计、句型统计、特别句型对不同词类的选择统计、特别搭配统计及特别词的选择统计，等等。

3. **统计和研究相结合**

当然，语法统计要和研究相结合。在统计、列举的过程中必然会发现一些问题，提出一些问题，只有对这些问题及时地加以研究解决，才能顺利进行统计、列举。

语法类别可能有层级、有等级，有小类划分。语法类别之间有可能会出现交叉或两可的现象。

4. **语法统计资料**

语法统计要采用的资料可以是：（1）确定一个大数量的有定数字的资料范围做统计，（2）对各类统计类别资料尽可能收集。

完成以上所讨论的统计工作，将会呈现出汉语语法基础状况的全貌，会十分丰富，会很有特色，会让人赞叹。

参考文献

胡裕树主编　1982　《现代汉语参考资料》，上海教育出版社。

黎锦熙　1924　《新著国语文法》，商务印书馆。

刘丹青主编　2005　《语言学前沿与汉语研究》，上海教育出版社。

刘月华、潘文娱、故　铧　2001　《实用现代汉语语法》，商务印书馆。

陆俭明　1993　《陆俭明自选集》，河南教育出版社。

吕叔湘　1979　《汉语语法分析问题》，商务印书馆。

吕叔湘主编　2005　《现代汉语八百词》（增订本），商务印书馆。

孟　琮、郑怀德、孟庆海、蔡文兰　1999　《汉语动词用法词典》，商务印书馆。

沈家煊　2003　《沈家煊自选集》，安徽教育出版社。

邢福义　1993　《邢福义自选集》，河南教育出版社。

郑怀德、孟庆海　2003　《汉语形容词用法词典》，商务印书馆。

中国社会科学院语言研究所现代汉语研究室编　1987　《句型和动词》，语文出版社。

中国语文杂志社编　1983　《语法研究和探索》（1），北京大学出版社。

范方莲　1963　《存在句》，《中国语文》第5期。

范方莲　1964　《试论所谓"动词重叠"》,《中国语文》第 4 期。

李临定　1988　《汉语比较变换语法》,中国社会科学出版社。

李临定　1990　《现代汉语动词》,中国社会科学出版社。

李临定　1993　《以句型为中心的中国语语法》,日文版,宫田一郎译,(日本)光生馆。

李临定　1994　《李临定自选集》,河南教育出版社。

李临定　1997/2001　《现代汉语疑难词词典》,(香港)商务印书馆(繁体字版);(北京)商务印书馆(简体字版)。

李临定　2008　《现代汉语短语解析词典》,商务印书馆。

李临定　2011　《现代汉语句型》(增订本),商务印书馆。

李临定、范方莲　1960　《试论表"每"的数量结构对应式》,《中国语文》第 11 期。

李临定、范方莲　1961　《语法研究应该依据意义和形式相结合的原则》,《中国语文》第 5 期。

附　　录

一、术语、用语表

字形词　汉语是字形词。词由方块汉字及其组合形成，词本身缺乏形态变化标识（不同于西方的"形态词"，词本身有系统的形态变化标识）。

标杆类　某一分类系统中被确定的标准类、典型类，具有该类结构上的全部组合和变化形式。

基础语法　在对语法资料的考察、研究的基础上，全面揭示母语语法的基础规律、规则、特征，概括出相适应的语法体系。丰富而大型。

强化、弱化　句的某一点或某几点相对显得凸显，引起重视、注意，便是强化作用；反之，是弱化作用。

可控、不可控　所发生的动态现象是人的主观意志可以控制的，便是可控；反之，是不可控。

自由形式、非自由形式　句法位置上的句成分具有该成分可能的组合和变化形式，是自由形式；反之，是非自由（受限制）形式。

自由成分、非自由成分　具有自由形式的成分，是自由成分；反之，是非自由成分。

逆向自由形式　句成分在所规定的自由形式以外，另有其他为该句成分所特有的组合或变化形式。

逆向非自由形式　句成分的某一项组合和变化形式不是可以有也可以没有，而是必有的。

交错逆向非自由形式　句成分必须交错有两项（或更多项）组合和变化形式。

复杂句、简单句　句成分全出现的是复杂句，句成分未全出现而又能自足的是简单句。

完全句、省略句　句里的必有成分是齐全的，没有出现空位的是完全句；句里的必有成分不齐全，出现空位的是省略句。

必有成分、可有成分　句子里应该有而必须有的成分是必有成分，句子里可以有也可以没有的成分是可有成分。

单句分裂　某些单句可以逐次"分裂"为复句。

功能剥离　把混淆在某成分上的其他功能辨别清楚，分离开，只显示其自身的功能。

语法修辞　语法形式同时又显示出修辞功能。

隔离词　在句中隔离句成分或实词的虚词。

语法分类　词法和句法中的各种分类。在汉语语法中，它很重要，是深入观察汉语语法的重要方法。

语法列举　列举可能列举的类别的成员。是具体观察分析汉语语法的方法。

三分观察　汉语的语法分类往往有两个相关的"两头类"（类的全特征类），在两个"两头类"之间有一个过渡游移形式，这便形成了类的"三分"。应注意观察。

句法词类 从句结构中分离出词类，确定出词类；反过来，其又服务于句法。

词类转化 实词类的词，在一定的句法条件下，失去了原本的类特征，也有"类位置"的转移，取得了另一实词类的一些特征。

话题主语 位于句首，是谓语说明的对象。具有概括性、灵活性，和谓语的关系松散而笼统。

施事主语 位于谓语中心语（动词）的前边，显示动作行为的发出者。

句法二重性 一种句成分兼有两种句法功能。

句法大中心、句法小中心 "大中心"指全句的中心，一般是指中心语动词；"小中心"指偏正短语（定中、状动、动补）的中心。

句法综合形式 其结构形式可能是由两种单一形式"加合"（或"压缩"）而形成的，所表示的意思也可能是这样。

一致性成分、非一致性成分 某一类实词进入句法位置充当句成分，该句成分的组合和变化形式和原词类的组合和变化形式一致的，是一致性成分；反之，是非一致性成分。

内归宾语 反射回来，对动词做某方面（工具、方式等）说明的宾语。内动词是自足的，不需要外延（不需要带受事宾语），但可以带内归宾语。

动词宾语 动词所带的宾语（如买衣服）。

结构宾语 "结构"所带的宾语（如"动补"所带的宾语）。

嵌入式宾语 嵌入结构中的宾语（如带"得"的补语句可以有这种宾语）。

类的典型特征 一个语法类别所可能具有的全部语法特征，或称为类全特征。

典型类 具有类的典型特征的类别，或称为全特征类。

两头类 "三分"中处于两头的类，属于典型类。

类特征缺失 在一定条件下，典型类失去了部分特征。

类的游移域（过渡态域） 某甲典型类，逐步失去该典型类的某些特征，而又逐步获得某乙典型类的某些特征，这种两类之间的类特征丧失和获得的变化区域，称为游移域。

状语性补语 说明谓语中心语的补语，相当于状语的作用（有的可能向前移位转化为状语）。

谓语性补语 可能直接转化为谓语的补语（如"得"字补语句）。

基础型句 是"初始"型句，以句的主干句成分的区别性特征为依据而区分出来。

延展型句 由基础型句延伸、扩大而形成（如句格式型句）。

二、句型游戏

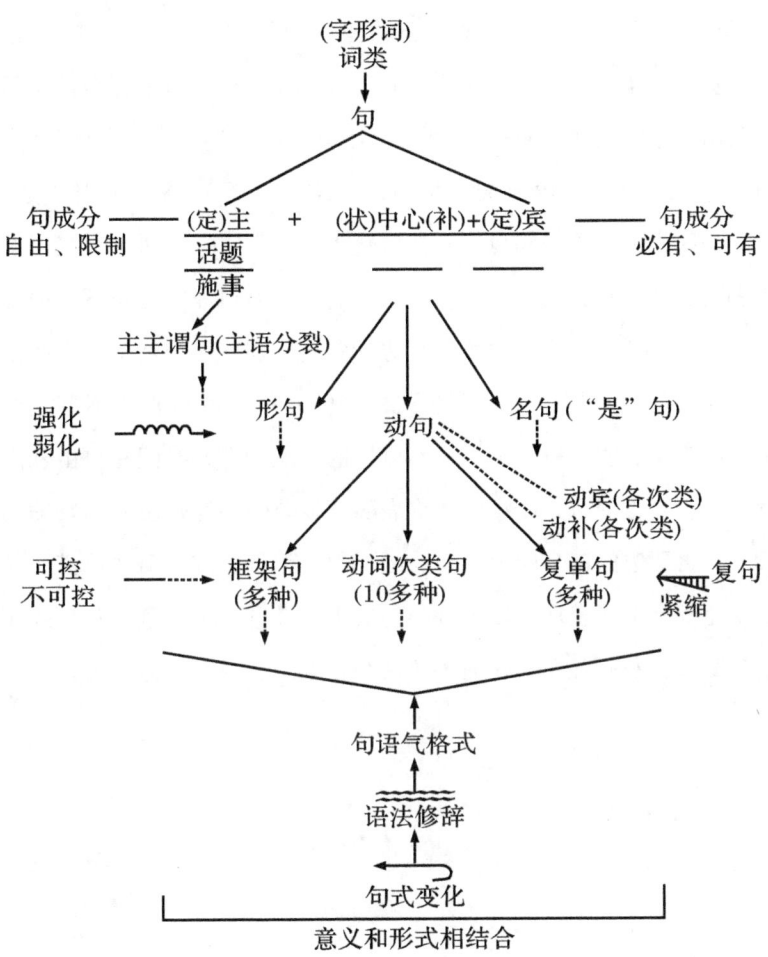

说明：从上边开始，词（字形词），词类；词类入了句，配合句成分对句的组成会发挥很大的作用；句成分一行左边的自由和限制，是观察句成分构造规则的方法，右边的必有和可有的区分，可显示出句变化的实质；句成分下边显示的是句法双构建：1. 主语（话题）+谓语，2. 主语（施事）+动词+宾语；右下三个箭头显示分出三个大句类：形句、动句、名句；主主谓句放在主语下边，因为它主要是由主语分裂而形成；"名句"后边括号里用"是"句，是因为大多数名句可以直接转化为"是"句；"动句"三个箭头表明和动句相关的再分类；形句、名句、动句等次类句下边的虚箭头，表明还可以再分次类；左边的强化、弱化波浪箭头，表明由于强化、弱化作用，句跌宕起伏的变化；下边的可控、不可控的实、虚箭头表明，由于可控、不可控的影响，选择搭配有自由和限制之分；右边的由大而小的箭头表明，复单句往往是由复句紧缩而形成；再下边的三个向上的箭头表明，句语气格式、语法修辞、句式变化都有可能表现在以上各类句式中；最下边的"意义和形式相结合"反向总括显示，所有的语法单位及组合都以它为基础。

三、成句歌

词类进了句，	演成一台"戏"；①
句法成分布总局，	词法成员巧合配；
动词分了类，	句更有头绪；
句法组织双构建，	显出施事和话题；②
"必有"和"可有"，	成分分"高低"；③
句型分层级，	上下成系列；
综合又紧缩，	凝结复单句；
句式组合善变化，	强势表述尤显明；
有自由有限制，	"繁"字下边有条理；④
强化配弱化，	跌宕起伏显活气；⑤
可控不可控，	这样行可那样否；⑥
有定伴无定，	调动句排序；
"三分"观分类，	"两头"衍生"中间域"；⑦
特征高估深挖掘，	显示规则做凭据；
语义范畴是基础，	要重视来别回避；

---

① 参见第二章第二节。
② 参见第四章第一节。
③ 参见第四章第三节。
④ 参见第四章第五节。
⑤ 参见第四章第六节。
⑥ 参见第四章第六节。
⑦ 参见第一章第二节。

意义形式相结合， "里"也清来"表"也明；
组合功能剥离清， 莫要张冠让李戴；①
一般对特别， "特别"尤需多审视；
语法统计妙引导， 显示词语细组合；
语法里边有修辞， 结构原来也美观；
字形词语法缺形态， 分类操作显"才干"；
汉语结构颇奇特， 客观仔细去品味；
欣赏语法字形词， 回观印欧词形变。

---

① 参见第一章第四节。

后 记

依据本书所讨论的理论观点，汉语语法体系应该包括以下内容：词类系统及各次类系列，句成分系统及各次类系列，句类系统及各次类系列，两类句变换系列，以及各种分类所具有的成组的规则、特征系列，和相关两类之间过渡域的变化过渡状态，再加上"语法特别组合"分析和"语法统计"排列显示，前边还要有一个理论讨论部分。这是一个规模甚大的工程。它将会展现出字形词语法的全貌。很丰富，也颇有气势。

这样，我们可以从宏观和微观两个层面，来认识字形词语法，也可以和其他语言的语法对比，来认识"语言"的语法。

这样，我们的语法会有广泛的实用性。语法，本来就应该是"看"得见、"摸"得着的，应实实在在地为实用服务。

李临定

2012 年 5 月 20 日